JN220351

雑感集

第3集

コープみやざきが
考えてきたこと・
深めたいこと

生活協同組合コープみやざき

発刊にあたって

会長 和田裕子

２０１８年５月、コープみやざきは設立から45周年を迎えました。その記念企画としての今回の『雑感集』は、設立から30周年を迎えた２００２年の第1集、２００８年の第２集に続いての第３集となります。

第２集から数えて10年。この間にもコープみやざきの「基本方針」をより深く理解し、みんなで共有し合えるようにという思いを込めて、理事長・専務理事・各事業本部マネージャー・共同購入エリア長・店長・部門のリーダーたちが、「雑感」という形で、毎週あるいは月１度のペースで一人ひとりの職員に向けて発信し続けてきました。

今回は、その中から82篇を選びました。

筆者自身の仕事を通して感じたこと、日頃のくらしの中で体験したこと、もっとこうしたいという思いが書かれています。筆者は違っても「人を大切にする」「感謝する」心は共通し、その人の人となりが伝わってきます。

社会の変化として消費税率の引き上げもあり組合員のくらしはより一層厳しいものになりました。その中でも安定した黒字経営を維持し、組合員数も25万人（県内総世帯の54％）を超える組合員組織へと成長し続けてこられたのは、「めざすことと基本的な考え方」を職員一人ひとりがしっかりと受け止め「生協は誰のために何をするところか」を自分の役割の中で果たそうと、知恵と工夫を込めて仕事をしているからだと思います。

そんなすごいコープみやざきの職員集団に見守られながら、自分のくらしを自分らしく創っていける私たち組合員は本当に幸せです。

この『雑感集 第3集』を通して、コープみやざきの考えてきたこと、めざそうとしていることが伝わりましたら嬉しく思います。もちろん第1集、第2集と読んでいただくと、よりご理解いただけるものと思います。

45年の歴史の中では、世の中同様、リーダーの世代交代もありました。それでもコープみやざきの基本的な考え方は、しっかりと引き継がれています。

「基本方針」の理解を深める努力を続けるかぎり、組合員からの信頼や安心感はさらに強くなっていくものと確信しています。

この『雑感集 第3集』が読者の皆様の今後の人生、仕事の上で何かしらお役に立つことがありましたら幸いです。

読まれた後の感想をぜひお寄せください。ご意見については今後のコープみやざきの在り方の参考にさせていただきます。

目次

雑感集　第3集

雑感 1

雑感 2

資　料

雑感集　第3集

コープみやざきが
考えてきたこと・深めたいこと

雑感 1

理事長　真方和男
顧問（前理事長）　亀田高秀

製造元のメーカーさんやお取引先に送った声は、5782通

（まがた　かずお　13年5月「みらい」）

北海道の富良野と聞くと、テレビドラマ『北の国から』を思い出します。一面に広がるラベンダー畑やタマネギ畑、真っ白な雪景色…。厳しい大自然のなかで、純と蛍という兄妹が父親と一緒に一生懸命に生きていく姿が印象的でした。

夏場の暑い時期、宮崎では収穫ができないトマトなどの野菜は、JA高千穂地区等の高冷地や北海道などから仕入れています。「さくらミニとまと」というトマトもそういう野菜のひとつで、夏場はコ・ジャスナという北海道苫小牧市にあるお取引先から届きます。

先日、商品本部仕入開発部の大迫正典さんの商談用紙を読んでいたら、その「さくらミニとまと」についで書いてありました。「生産者の小笠原さんは、収穫が悪いこともあり、昨年でこのトマトの生産を止めようとしていましたが、コープみやざきからの2件の喜びの声により、今期も作ってくれるようになったとのこと。あらためて善の循環をさらに進めていこうと思いました」

すごいことだなと思って、生産者の小笠原勝さんに直接電話をして話を伺いました。

「北海道の富良野で、家族でミニトマトを作っている。もう二十数年になると思う。少しずつ広げてきて、今1．2ヘクタールにハウス25棟で作っている。夏場は収穫で忙しく、7、8人に手伝ってもら

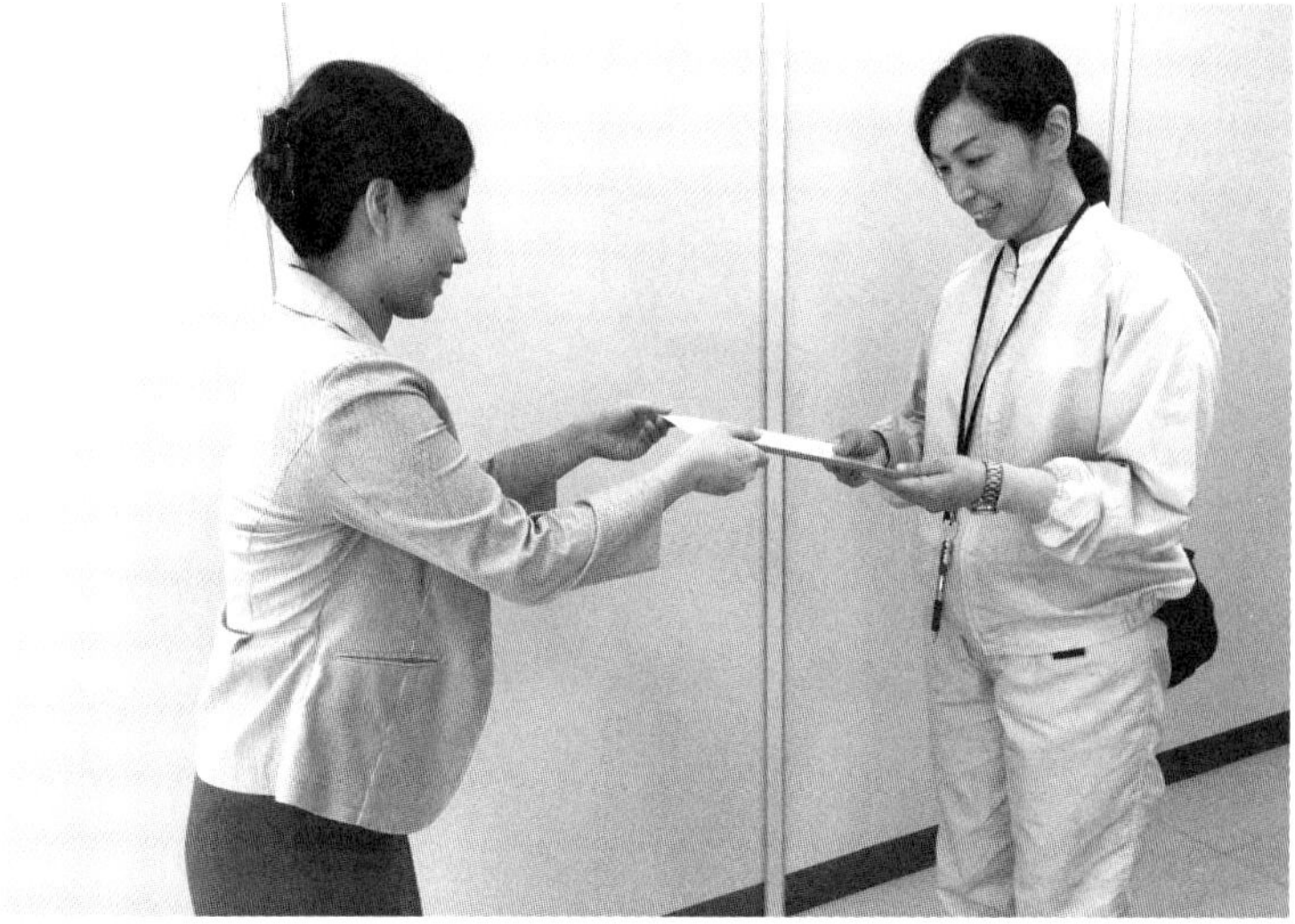

写真は「株式会社　雪国まいたけ」の職員さんと左は金丸しおりさん（共同購入商品の品揃え・使い方交流部）

っている。『さくらミニとまと』は、比較的新しい品種で、糖度がのってとても甘いが収量が少ない。自分はトマトづくりが仕事だから、おいしいトマトを作りたいと『さくらミニとまと』も新品種として出たときから作ってきた。いろいろ努力してきたが、暑さに弱く夏場30℃を超えるとへたって収量が落ちる。そのため、安定しているもとのミニトマトに戻そうかと考えていたところに、宮崎から喜びの声が2通届いた。『娘に教えてもらって食べたけど本当に甘くて美味しかった』という内容だった。それから、電話も来た。どうやって番号を調べたのかわからないが、『久しぶりに美味しいミニトマトを食べて感激したので電話した』とのことだった。今までこんなことはなく、やっぱり美味しいトマトはわかってもらえるんだと思い、うれしくなった。今年で64歳になるが、息子が後を継ぐことになったので、喜んでもらえるトマトをいっしょに作っていきたい」

弾む口調で話される小笠原さんの話を聞きながら、私も自分のことのようにうれしく思いました。

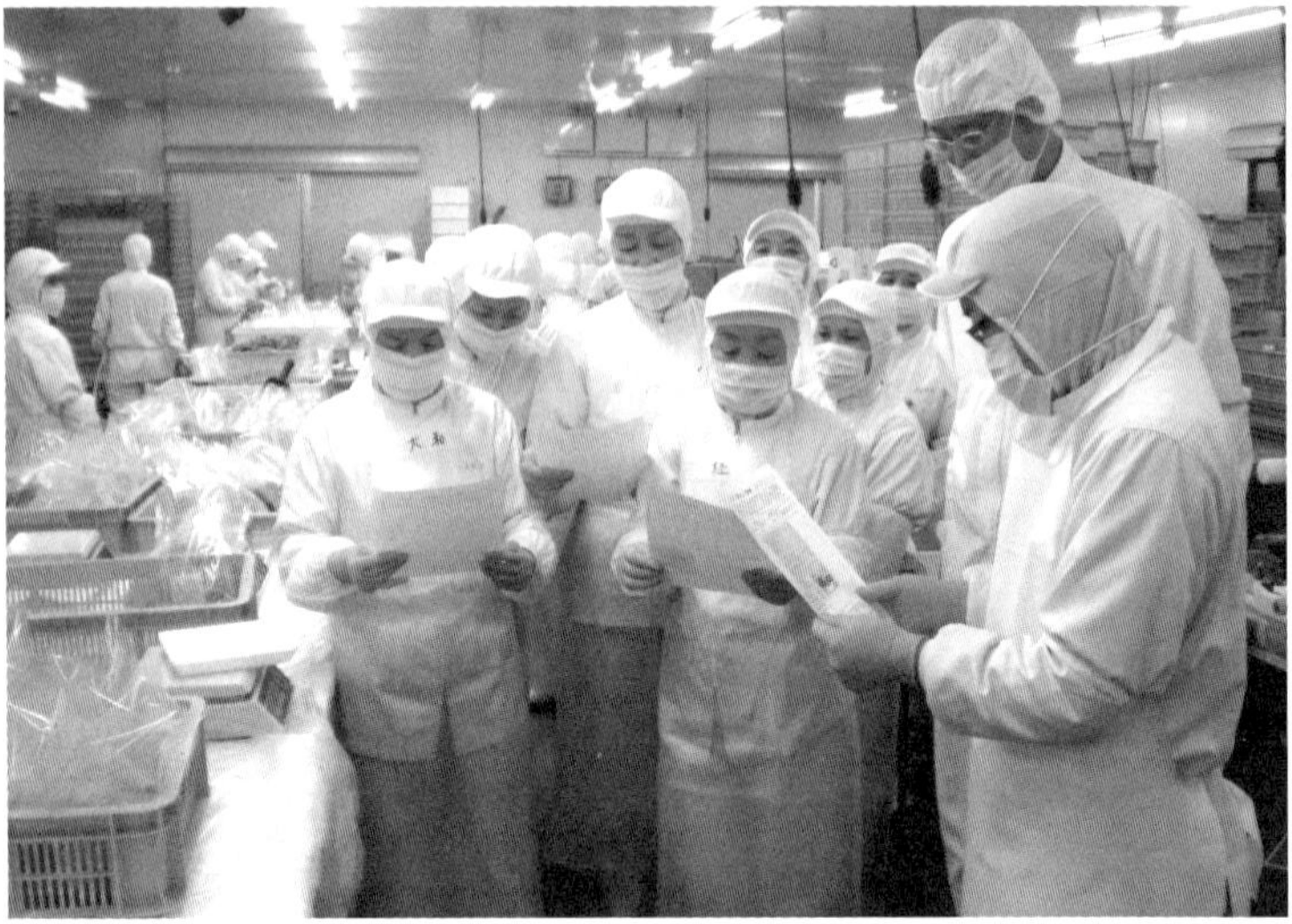

お取引先でも組合員さんからのお気に入りの声を読んでくださっています
（写真は「有限会社ダイゼン」のみなさん）

昨年1年間で、製造元のメーカーさんやお取引先に送った声は、5782通。その一つひとつに、利用した組合員さんの思いが込められています。基本方針書の「『善の循環』を広げる」には、「全ての商品は使う人に役立つことを想定して作られている。『よかったよ』の声は、その声を直接聴く生協だけでなく、お取引先や製造メーカー、実際に生産に関わった人、さらにはその原料を準備した人など、その商品に関わった全ての人を幸せにする力を持っている。お取引先にも協力してもらい、『よかったよ』の声がその商品に関わる全員に届くようにしたい」とあります。組合員さんの声を受け止める、私たちの感度がいっそう大事になってきています。

議案書は「具体的な事例で、基本方針の心を学ぶ教科書」ではないかと気づきました

（まがた　かずお　13年7月「みらい」）

すべての議案が採択され、※総代会が無事に終わりました。各ブロックからの発表・発言を受けて、和田会長と私が「受けとめ」の発言をして採決になるため、やはりとても緊張します。ブロックからの発表では、要望や提案に加えて、共同購入の担当者やお店の職員に対しての感謝の声がたくさん出されました。組合員さんに役立ち喜ばれるようにと、努力してもらっている職員への評価の声ですから、発表を聴きながらとてもうれしく思いました。そして、組合員さんと私たち役職員との距離がいっそう近くなっている感じを受けました。基本方針に沿った日々の努力に改めて感謝します。ありがとうございます。

職員のみなさんには、総代会議案書を読んで、感想を書いてもらいました。

「組合員さんの要望に応え、商品の開発改善に並々ならぬ努力をされていることに、毎年驚いています。バナナの包材をとめるテープや、ポテトサラダのじゃがいものつぶし方にまで、細やかな改善がされていることが分かりました。私も、レジにて、組合員さんとの会話の中でのつぶやきとも言えることばを聴き逃さず、各部門に発信していき、やりがいを持って役割を果たしていきたいと思います」（高

鍋店・江尻眞喜さん）

「新商品に限らず、自分で使ってみてよかったもの、組合員さんから教えていただいた情報などを、分かりやすく印象に残るＰＯＰ※にして案内していこうと思います。接客面では、温かさが感じられ、心に伝わるような対応を心がけたいと思います」（浜町店・水本朱美さん）

「知らないことや感動することがたくさんあることに気づきました。お店のことは特に知らないことだらけでした。スタンプカード3枚でマイバスケットに交換してもらえること。レジカウンターで、カードの渡し間違いがないよう組合員さんの名前を呼んで渡していること。お誕生日の事前のご案内カードが出ること。『なんでもきいてね』の背中のワッペン（今まで気づきませんでした）。お通夜に使われるオードブルを注文された組合員さんに、亡くなられた方の好きだった茶わん蒸しをお供えしてほしいと届けられたことには感動しました。店の職員の方の知恵ってすごいと思いました。共同購入もすごいですが…」（高鍋支所・増田みち子さん）

この1年間の、改善できた事例や喜ばれた事例がたくさん載っていますから、新たな発見や感動があり、自分も頑張ろうと思われたのではないでしょうか。１８００枚の感想文を読みながら、私たち役職員にとって議案書は「具体的な事例で、基本方針の心を学ぶ教科書」ではないかと気づきました。組合員さんの代表である総代さんに、審議・議決していただくために作られますが、職員に理解され仕事に生かされてこそ、本当の値打ちが発揮されるのだと思います。来年の議案書には、より豊かな事例が盛り込めるように、みんなで実践を深める努力をしていきたい。

傘寿（80歳）おめでとう企画

（まがた　かずお　13年8月「みらい」）

　昨年の日南ブロック総会で[※]「お年寄りにささやかなプレゼントを贈られると喜ばれると思います。例えば、石鹸1個でも。80歳を超えた組合員さんに贈るなどしてはどうでしょうか」という声が出されました。それを受けた総代会での回答は「システムや費用面等含めて考えてみます」というものでした。

　コープみやざきは、24万人の組合員さんの住所はほぼ正確に把握していますが、生年月日の把握は一部不十分でした。以前の加入用紙が、昭和でも西暦でも書けるようになっていたためです。あらためて、当時加入の組合員さんに、生まれた年を再確認する案内をし、正確にしていきました。そして、今年の総代会で、「傘寿（80歳）おめでとう企画」を行う提案が承認され、7月からスタートしました。「人生の先輩として、生協の仲間として、生協を支えていただいていることへの感謝と励ましの気持ちを込めて、80歳を迎えられた組合員さんに、和田裕子会長からのメッセージとささやかなプレゼント（500円の特製の商品券）を贈る」という企画です。

　「この度は、思いがけない傘寿のお祝いをいただき、びっくりするやら嬉しいやら、さっそく主人の前に供えて報告いたしました。病のため若くして亡くなったため、子どもの成長も見ないまま50年忌も過ぎた主人です。今は孫も3人。独居老人の私が、福祉協力員として、一人暮らしの方々の見守りをして動き回っております。いただいた金券は、優しいメッセージとともに、主人の命日にお花を買って墓参いたします」

「先の太平洋戦争で、大切な身内が二人も戦死しましたので、私は戦争に絶対反対です。ところが、安倍首相は憲法を改悪し九条も危うくしそうです。私は、戦後苦労し頑張ってきましたので、もっと安心できるまともな国を子どもたちや孫たちに渡したかったのです。少子高齢化社会の中で、私が長生きすることが本当によいことか…等々を考え若い世代に申し訳なく、このごろ落ち込んでいました。ところがこの度、全く思いがけず、生協の皆様より心温まるお言葉をいただきました。涙が出るほどうれしく、生きる元気が出てきました。私は、こんなに素晴らしい仲間のみなさんに囲まれているのだと改めて気づきました。皆様、本当にありがとうございます」

「今日は、思いがけない傘寿のお祝いをいただき、本当にありがとうございました。今は身障者になってしまって、主人も5月に他界して、気が滅入っている時でしたので、余計にうれしく感じております。いただいた金券は、宝物として取っておきます。本当に本当にありがとうございました」

こんなお礼の手紙がたくさん届いています。お店のレジや地域責任者※も、感謝の声をいただいています。手紙は、達筆の墨文字のものや、少し震える手で書かれたと思えるものまでいろいろですが、どれも心を込めて丁寧に書かれています。みんな、大変な時代を生き抜き、今の社会を築いてこられた人生の先輩方です。この「傘寿（80歳）おめでとう企画」は、人生の先輩に生きていく元気も届けることになり、よかったなと思っています。

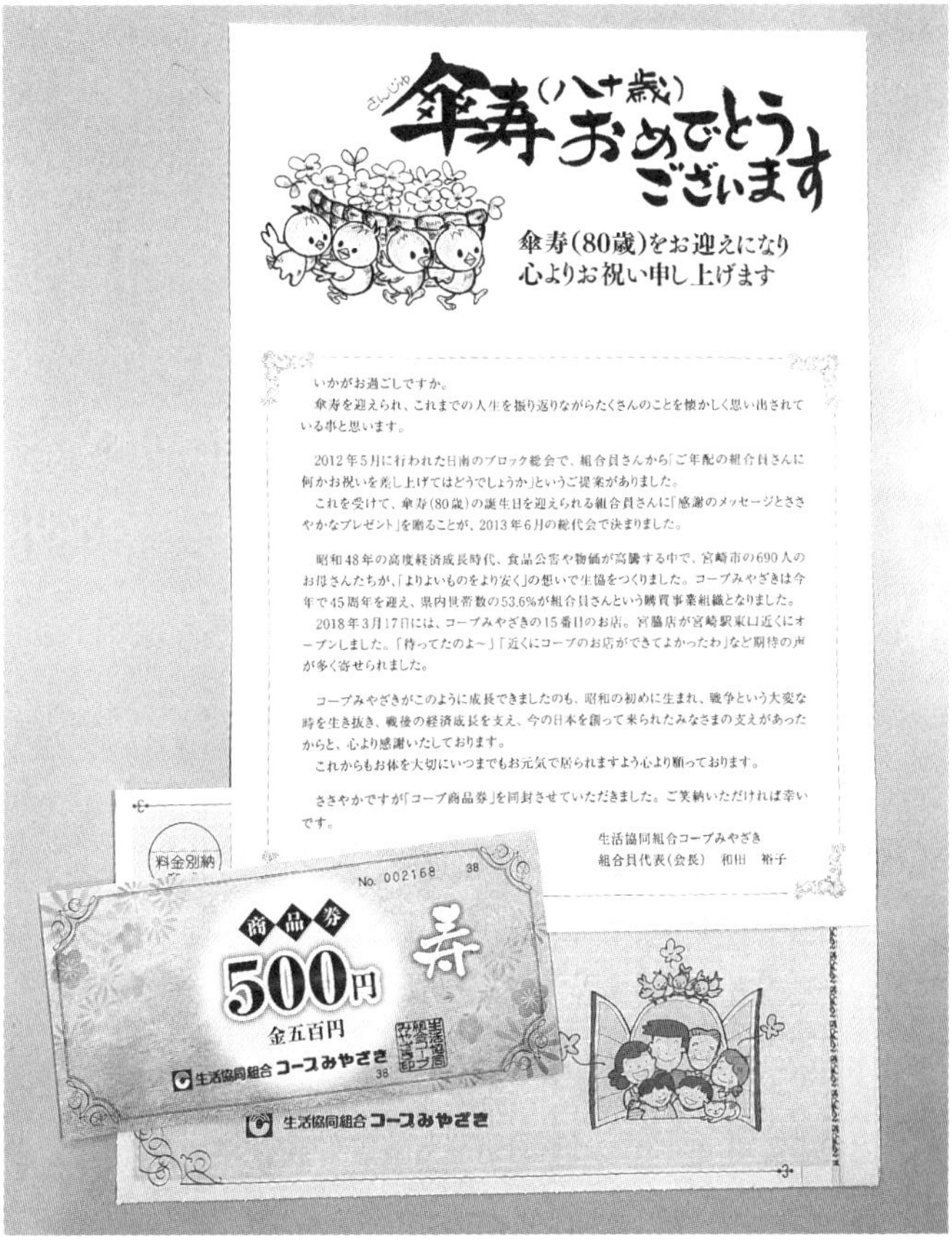

お贈りしている傘寿おめでとうセット

大事なものは表に出ない

（まがた　かずお　13年12月「みらい」）

現在、アルバイト職員として１８７人の方に働いてもらっています。学生アルバイト、65歳になって※セカンド職員の契約が終わった方、パートや定時を望まれない方などいろいろな方がおられ、全職員のちょうど1割になります。年齢も、17歳の高校生から71歳のベテラン職員までと幅広く、いろんな方が働ける職場であるともいえます。ただ、マネージメントが十分できていないことや、給与が相対的に安いということもあってか、言われたことを黙って一生懸命やるという仕事スタイルがまだまだ多いように思います。

先月のかおる坂店・湯池裕之店長のニュースに、次のような記事がありました。

「久々に夕方のアルバイト職員さんに全員集まってもらいミーティングを行いました。自分たちの仕事をより速く、よりスムーズに、より安全に行うための素晴らしい要望や提案がたくさん出されました。使い終えた洗い物は水に浸しておいてもらうと汚れがすぐ落ちる。多段カートトレイは使ってないものと、洗う必要のある使ったものとを分けて欲しい。掃除用のビニルエプロンは、たたんで保管すると傷みが早いので、水産のように吊り下げると2倍長持ちする、など20項目ほどありました。いつも不平不満をひと言も言わずに黙々と頑張って陰ながら支えてくれているアルバイト職員さんに、改めて感謝したい気持ちでした。頑張っている夕方のアルバイト職員のためにも、各部門でできることはぜひ協力をお願いしたいと思います。店長としても、出された意見や要望には責任を持って応えようと思いました」

その後の週報には、続報として次のように書かれていました。

「先日、アルバイト職員にその後どうか聴き取りしたところ、『あれからみなさん、しっかりとお湯に浸しておいてくれていて、洗うのがすごく楽になりました。ありがとうございました』とうれしい返事がありました。惣菜部門の吉田明美さんにも聞いてみたところ、『毎日きちんとお湯に浸しています』という返事でした。発信してくれたアルバイト職員もそうですが、洗う人の立場に立って、きちんとお湯に浸してくれるようになった惣菜部門の職員さんたちにも感謝！」

私たちの仕事は全て、一人で完結することはなく、多くの人のつながりで成り立っています。次の人がいてくれて、自分の仕事を陰で支えてくれているからこそ、自分の仕事ができるのです。ただ、やるべき仕事がたくさんあると、当面の自分の仕事に追われ、次の人のことを考えなくなったりします。

「土の中の水道管、高いビルの下の下水道、大事なものは表に出ない」という相田みつをさんのことばがあります。お店の掃除の仕事のように、表に出にくいところ、見えにくいところの仕事は、本当はとても大事な仕事で、仕事全体を改善していくのに役立つ気づきを与えてくれる仕事ではないかと思います。言われたことを黙って一生懸命やっている人だからこそ、気づいていることがたくさんあるはずです。困っていることや要望を丁寧に聴いて、まわりの人の協力ももらって知恵を込めれば、たくさんの改善ができていくのではないかと思います。多くの人のつながりで成り立つ仕事の先には、必ず喜ぶ組合員さんがいます。

組合員さんの顔と名前、お気に入りを覚える

（まがた　かずお
14年1月「みらい」）

毎日回ってくる「こんなこと聴けたよ！気づいたよ！報告書」を読んでいて、気づいたことがあります。共同購入の報告書には、相手の組合員さんの名前がほとんど書いてありますが、店舗からの報告書には、今までほとんどなかったということです。

共同購入の場合、商品の配達に行って、そこで会えた組合員さんとの会話ですから、誰と会話したかは自ずとわかります。なるべく具体的に伝えようとすると、自然にどこの誰とどういう会話をしてどう感じたか、そしてどうしたいかという内容になっていきます。

店舗の場合、毎日の仕事の中で、普通は組合員さんの名前を覚えなくてもあまり困りません。毎日、多くの組合員さんが来店されますが、欲しい商品がきちんと品揃えされていて、気持ちよくスムーズに買い物ができる状態であれば、特別困るということにはなりません。聴けた声を報告書に書く場合も、例えば、ご高齢の組合員さんとか男性の組合員さんとかで伝えることはできます。

昨年から、組合員さんとの関係をより近いものにしようと、レジでカードをお返しするとき、間違いのないように名前をお呼びすることが始まりました。また、品出しなどの仕事中でも声をかけてもらい

職員の背中にはワッペンを付けています

やすいように、背中の「何でもお聴かせください」ワッペンに職員の名前を入れることも始まりました。そうした工夫もあって、少しずつ親しい関係ができつつあります。組合員さんからは「気軽に、商品の場所を聞けたり、要望や意見を言えるようになった。丁寧に対応してもらってうれしい」という声も届いています。また、商品の使い方の工夫や、くらしの知恵も聴けるようになり、その声が報告書で回覧されて、買※い場のＰＯＰに生かされたり、商品改善につながったりしています。そういう変化をさらに進めようと、なるべく組合員さんの名前を覚え、名前でお呼びできるようになろうという提起もされ、報告書の内容もより具体的なものになってきています。

今年の方針では、この方向をさらに深めるために「組合員さんの顔と名前、お気に入りを覚える」を進めることを提起しました。「組合員さんとより親しくなり、何でも言ってもらえる関係を創っていくため、共同購入でできている『組合員さんの顔と名前、お気に入りを覚える』を店舗でも進めていく。聴いた声を生かし改善していくことで、組合員さんと一緒に、より喜ばれる事業を創っていく」という提起です。店舗事業本部では「組合員さんと名前で呼び合える関係を創ります。毎月一人の組合員さんの名前とお気に入り商品を、全職員が覚えることに挑戦していきます」が提起されました。

八百屋のおやじさん・おかみさんなら、ごく当たり前にされている「組合員さんの顔と名前、お気に入りを覚え、組合員さんと名前で呼び合える」関係ですが、これがお店で働く全職員ができるようになれば、とても楽しいお店になると思います。組合員さんと職員とが力を合わせて、よりくらしに役立つ協同組合のお店をつくっていくことになります。

「いつもにこやかな笑顔で組合員さんをお迎えします」レジ・カウンター部門

「お探しの商品はこちらですか」と丁寧にご案内するフロア部門

今年は、共同購入も店舗も、質的に大きく深化していく感じがしています

（まがた　かずお　14年2月「みらい」）

職員総会[※]が終わり、方針に沿った実践が始まり、新しい変化が生まれています。共同購入の「団らんにゅーす[※]」には、「職員総会で学んだことを即！実践」として、二つの事例が載っていました。

「注文書右上にある〝商品案内板〟について、組合員さんに『知っていますか？』と聞いてみることにしました。すると意外なことに、毎週利用されている方であっても、知らない、初めて知ったという声が結構聴かれました。中には、『教えてくれてありがとう！』と喜んでくださる方もいました」（宮崎西支所・来富弘さん）

「カタログ表紙で、「そのまんま酢のもの」がベスト100商品[※]になっていたので、組合員さんに聞いてみました。ベスト100は、組合員さんが『わが家の声カード[※]』で選んだ人気商品なんです。この商品、利用されたことありますか？」（小林支所・榎木浩二さん）。このことで、その組合員さんのお気に入り商品が聴け、企画要望も聴けたとありました。

店舗の「団らんにゅーす」には「毎月一人の組合員さんの顔と名前とお気に入り商品を全員が覚えることに挑戦」として、大塚店の取り組みが紹介されていました。

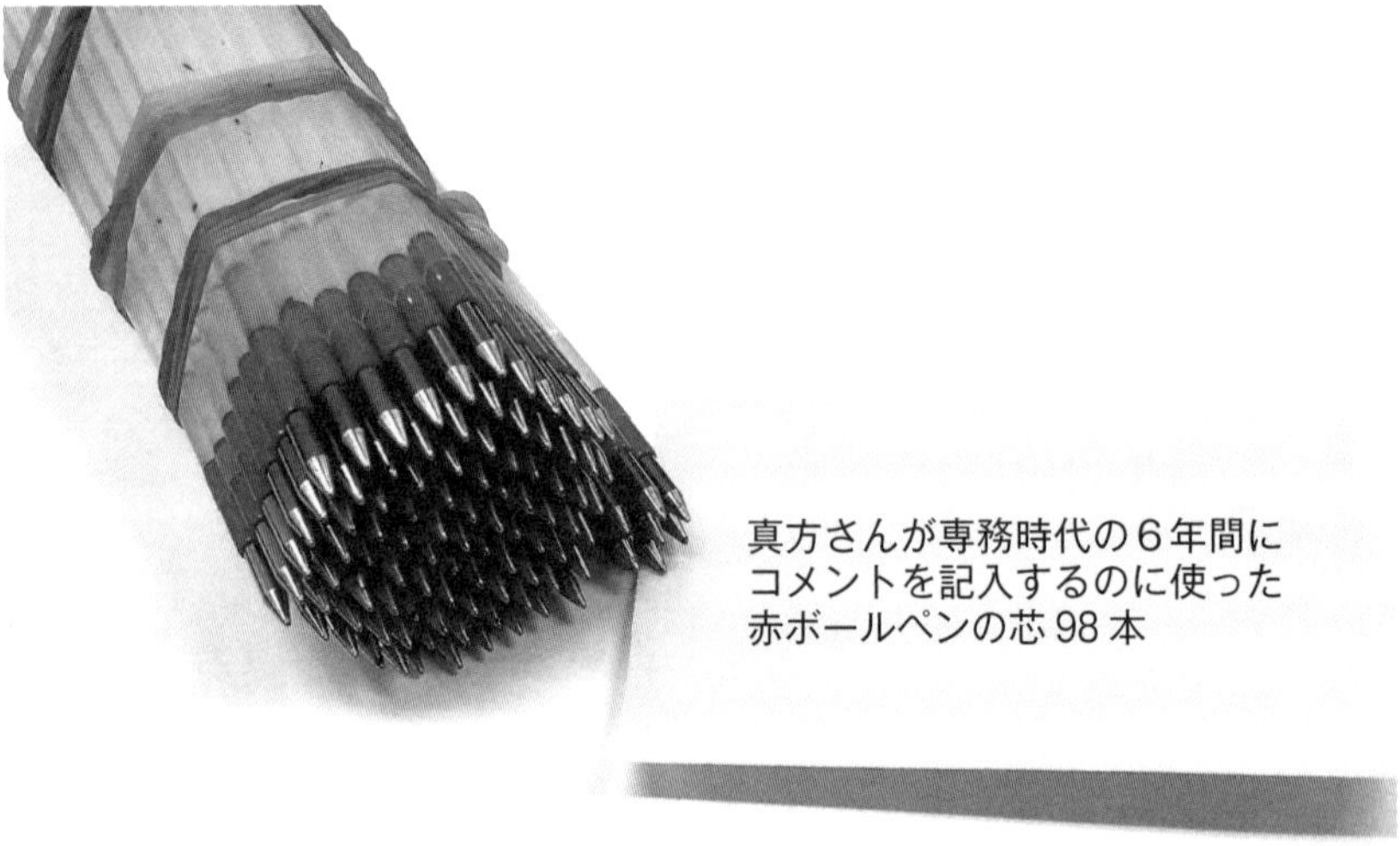

真方さんが専務時代の6年間にコメントを記入するのに使った赤ボールペンの芯98本

「畜産部門では、よくオーナーオーダー※をされる組合員さんの名前と、好みの切り方をほぼ全員が知っている」「毎朝見える組合員さんについて、職員同士で話をしていて、あの組合員さんは○○さんという方で…と話題になる」「バラ売りの玉ねぎの皮をはがしながら品出ししていたとき、組合員さんから、その皮が欲しいと言われ、ご主人の血圧が高いので煎じて飲むという理由がわかった。バックヤードに準備しているので、次に取りに来られたとき、名前を聴いてみます」（農産部門・髙橋昭子さん）

方針に沿って、スピーディーに実践に生かしてくれている職員に、あらためて感謝です。

総会感想文が戻ってきたと思いますが、赤文字の私のコメントは、あなたへの「語りかけ」です。書くときは、一人ずつ職員情報管理システムにある職員の顔写真を見ながら、書いています。少しでも、職員の顔と名前を一致させたいという思いからです。

感想文用紙には「新たに決意したことや感じたことを

ご記入ください」とありましたから、基本方針や※事例発表を聴いて「あなたはどうしますか」という問いです。ですから、感想文に書かれた中身は「私はこう受け止めました。こう努力します」というあなたからの答えになります。同時に「それでいいですよね？」という、私への逆の問いかけでもあると思いました。方針に沿って、日々努力してもらっていることに感謝の気持ちを伝え「あなたの受け止めを、専務としてこう感じました」という思いをコメントにしました。「語りかけ」に込めた思いが届くといいなと思っています。

感想文を読むと、今年は、共同購入も店舗も、質的に大きく深化していく感じがしています。とても楽しみです。

一つひとつの声には、組合員さんの思いが込められています

（まがた　かずお　14年3月「みらい」）

1月の共同購入の職員総会で紹介した「豚ロースしゃぶしゃぶ用」のその後です。そのとき紹介した内容は次のようなものでした。なお、職員総会では、この組合員さんが田舎に住む父と重なり、ついことばが詰まってしまいましたが…。

11月末に、男性の名前で次のような「よくするカード」[※]が届いた。「妻が長期入院中で一人暮らしです。二人いるときは、好んで食べていました、半分をさらに分けて食べていました。嫁がいろいろ作って持ってきてくれます。最後のしゃぶしゃぶは、日にちが経ち、捨てました。一人暮らしの食べ物と、半分のしゃぶしゃぶを作るよう製造会社に交渉してください。料金は割高になっても構いません。お願いします」。入院されている奥様が組合員さんで、調べてみると80歳の方だった。一人暮らしのご主人が、少し震える手で一生懸命書かれた要望だった。こういうたよりを読むと何とかしたいなと思う。対応状況が気になって、商品本部の共同購入商品の品揃え・使い方交流部　奥達寛さんに聞いたら「半分の量の試作品ができたので、一番早い3月3回に企画したい。ご本人には、一刻も早く食べてもらいたいので、来週の配達時に、サンプル品をお届けできるように手配した。こういうカードを読むと、少しでも早く何とかしたいという気持ちになります」と話してくれた。組合員さんの思いを汲み取って、素

早く努力してくれている商品本部のみなさんにも感謝したい。

「豚ロースしゃぶしゃぶ用」は、九州産豚ロース肉を約1．5ミリにスライスし、取り出しやすいようにきれいに1枚ずつ折り曲げてパックされた冷凍の肉です。200グラムの量目で、肉がくっつかず使いやすいと評判の商品です。ただ、やはり一人暮らしの組合員さんには量が多かったのだと思います。この声を受けて、商品本部の奥達寛さんが、すぐにメーカーと交渉して半分の100グラムのサンプルを作ってくれました。

サンプル品を利用された組合員さんから、早速お礼のたよりが届きました。「豚ロースしゃぶしゃぶ試供品、ありがとうございます。1パックを半分ずつ食べました。とてもおいしいです。販売されるのを待っています」。たよりは、最初のときと同様に、一生懸命書かれた文字でした。このお礼の声には、商品本部の職員だけでなく、メーカーの有限会社ダイゼンの社員さんも、たいへん喜ばれていました。

※地責の黒木隼人さんに聴くと「こんなに早く動いてくれて生協はすごい、ととても喜ばれていました。入院されていた奥様は暮れに亡くなられ、ご主人が組合員さんになられて現在利用されています。しばらくは元気をなくされていましたが、最近はにこにこされ毎週利用されています。これまで以上に会話が弾み、いろいろなことを聴けるようになりました。僕もとてもうれしいです」と、話してくれました。

一つひとつの声には、組合員さんの思いが込められています。その声の思いを汲み取り、メーカーの力も借りて、これからも全力で応えていきたいと思います。みんなが幸せになれます。

全力で応える努力を重ねれば、必ず前進できる

（まがた　かずお
14年4月「みらい」）

みなさんの頑張りで、２０１３年度は6億円を超える黒字の決算になる見込みとなりました。店舗は、職員総会でも紹介したように、４年ぶりの黒字にできました。この1年間、基本方針に沿って努力していただいた職員のみなさんに、あらためて感謝します。ありがとうございます。

経常剰余が予算を上回っていることもあって、組合員さん向けには、今年も3月に、「1年間のご利用・応援に感謝！　ありがとう1割引企画」を行いました。共同購入では3月2回企画の商品を、店舗は3月22〜24日のお楽しみ市で、切手など一部の商品を除く全商品の1割引をしました。今年は、消費税増税前ということもあって、昨年以上に多くの商品が利用され、多くの組合員さんに喜んでもらえました。

生協を支えていただいているお取引先にも、感謝の気持ちを伝えようと、今年もお礼状を送りました。主要なお取引先６８０社に、共同購入の福祉企画でお世話になっている福祉活動団体で作ってもらったクッキーを添えて届けました。お取引先からは「いつもお世話になっております。このたびは、心のこもったお品を頂戴いたしまして、誠にありがとうございました。日頃お世話になりっぱなしのうえ、ご丁寧なご挨拶まで頂戴し、恐縮しております。ご恵贈の品、会社中で喜び、早速ご好意を頂戴いたしま

した。今後も精一杯、協力させていただきます。皆様にも宜しくお伝えください」「平素は格別のお引き立てを賜わり、心より厚く御礼申し上げます。この度は福祉作業所の皆様が心を込めて焼き上げていただいた手作りクッキーと御礼状をお届けいただき、併せまして厚く御礼申し上げます。貴社様も今年度は40周年を迎えられたとのことで、宮崎県の組合員の皆様から、より一層ご愛顧頂ける生協として躍進されますことにご期待申し上げます」といったお礼の手紙がたくさん寄せられています。たぶん、お取引先ではクッキーを食べながら「これまで頑張ってきてよかったね。生協の組合員さんからのご褒美だね」といった、社員さん同士の楽しい会話が弾んだことだろうと思います。

職員のみなさんには、これまで「下期業績表彰」を行っていて、優れた実績を作り出した、職員個人や事業所・部門に、表彰状と感謝金を贈ってきました。今年は、業績がよかったこともあって、これまでのような基準に照らしての表彰に加えて、下期に在籍した職員全員（一部休職等の職員を除く）に、感謝金を贈ることにしました。すでに所属長から受け取られたことと思います。感謝金の封筒に書いた『わが家の声カード』では、組合員さんから多くの感謝の声が寄せられています。今年は皆様のご奮闘で、店舗も黒字、生協全体でも増収増益見込みとなり、多くの職員に、下期表彰を行うことができました。ありがとうございました」の思いが届くといいなと思います。

２０１４年度が始まりました。消費税増税など厳しい経営環境は続きますが、組合員さんの声を聴き、思いを汲み取って、全力で応える努力を重ねれば、必ず前進できると思います。私も、精一杯努力します。

組合員さんも職員も幸せを感じられる関係が広がっていく

（まがた　かずお
14年6月「みらい」）

都城支所・本田優介さんの「月の振り返り」にあった、組合員さんからのたよりから。「本田様　おつかれ様です。予想だにしなかったバースデーカード、ありがとうございました。主人を亡くして10ヵ月、月命日の29日、生協さんのカタログを開けてビックリ！　今年から一人でのバースデーと思っていたところに、メッセージが入っており、もううれしくて涙涙でした。あったかいお心、受けさせていただきます。どんな親御さんに育てられたんでしょうか…。と余計なことまで考えちゃいました」。本田さんの感想には「私もジーンときました。些細なことでも相手のくらしとかみ合うことで、感動がうまれるのだなと思いました」とありました。

柳丸店レジカウンター部門・川﨑美智子さんの「こんなこと聴けたよ！気づいたよ！報告書」から。「今日はよい夫婦の日。ご夫婦で来られた組合員さんに、お花（ミニバラ）の苗を24組の方に差し上げました。まず、三つのカードでお二人の今日の相性を選んでいただくと、とても素敵な笑顔がいっぱいで、うれしそうにされていました。対応した中に『主人は寝たっきりです』とおっしゃる60歳代の組合員さんがおられ、お花の苗を差し上げると、主人に見せますねと涙を浮かべて喜んでおられました」。

組合員さんに喜んでもらえるように、そしてより近い関係ができるように、共同購入でもお店でも、

よい夫婦の日のイベントで、箱の中のカラーボールを同時にひく相性診断ゲームを行っています（柳丸店）

いろいろな工夫がされています。特に、組合員さんの誕生日や、さまざまな記念日などのハレの日は、心を込めた対応がとても喜ばれていて、たくさんの感謝の声が寄せられています。職員のみなさんの努力に改めて感謝します。ありがとうございます。

明るく楽しいイメージのあるそんな日にも、組合員さんの中には、つらい思いを抱えながら迎えられる人もおられます。見た目には分かりませんが、つらさを自分の中に押し込めながら、日々を過ごしておられるのだと思います。そんなときに出会う、優しいひと言や気遣いは、まるで家族からの心遣いのように、温かさが心に沁みるのだと思います。

生協の組合員さんと職員との関係は、生協を利用する人と、商品やサービスを提供する人という関係ですが、より役立つ生協をいっしょに創っていく仲間でもあります。そして、相手の気持ちに寄り添い、心を込めて対応していくことは相手を幸せにすることになり、同時に自分も幸せになれます。生協を通して、組合員さんも職員も幸せを感じられる関係が広がっていくといいなと思っています。

「生協のお店というよりは、親戚のおじちゃん・おばちゃんの家という感じで、気軽に立ち寄り、幸せにして帰してもらえる、そんな中で働かせてもらえているので、私も組合員さんに幸せを分けてもらい、分けてあげられるように、頑張りたいと思いました」（花ヶ島店畜産部門・叶明美さんの「総代会議案書を読んで仕事に生かす報告書」から）

組合員さん一人ひとりの声に、一つひとつ向き合って

（まがた　かずお
14年7月「みらい」）

総代会に参加された組合員さんの感想文から。

「初めて参加させていただきました。各ブロックの発言は、その地域の個性も表現されているようで、楽しめました。生協さんの取り組みへの感謝や提案など、各ブロックの意見を伺うことができ、とても参考になりました。先日のブロック総会の後も、こちらの疑問に対し、とても丁寧な対応をいただきました。組合員一人ひとりの声を大事に運営されている生協さんの取り組みには、いつも感心し、ありがたいなと感じています。今回のブロック総会・総代会に参加させていただいたことで、さらに生協のよさが分かりました。生活の中での困りごとがあれば、まず生協さんに相談すれば解決するのではないか！　生活の中での問題の解決の窓口になっているのでは？　さらに、そういう存在になっていってほしいと思いました」

「各ブロックの発言を直接聞くことができて、とても参考になるし、楽しい。それに対する受け止めを、すぐに直接聞くことができるので、対話しているような感覚を覚え、いつも以上にコープを身近に感じます。私たち組合員一人ひとりの意見に、一つひとつ向き合っていただけるお店は他にないので、コープの品物ももちろん魅力ですが、コープの組合員さんに対する誠実な対応も一番の魅力だと、また

強く感じた会でした」

総代会での発表は、ブロック総会でのグループ討議で出された声を盛り込んだ内容になっています。発表には、商品やサービスについての要望や意見だけでなく、働く職員へのお褒めや感謝のことばもたくさんありました。組合員さんと職員との関係がさらに近くなっていると強く思いました。専務としてのまとめの発言をしながら、基本方針に沿った職員のみなさんの努力のおかげだと感じ、本当にうれしく思いました。職員のみなさんに改めて感謝します。ありがとうございます。

総代会は、分かりやすい議案書作成から、ブロック総会や総代会の当日運営まで、丁寧な準備や進め方があって、初めて成功します。でも、よく考えると、これまでの1年間の私たちの努力に対しての、総合評価が下される場でもあります。会場での発表や受け止めに対して、みんなから共感が得られて和やかに運営でき、議案が会場にいる全員の賛成で採択されるのは、組合員さん一人ひとりを大事にする組織の風土、いわゆる社風ができて

総代会　各ブロックの発表のようす

きていることの表れだと思います。

生協には、声を発信する組合員さんと、それを受け止め生かす役職員とがいます。感想文にあった「組合員さん一人ひとりの声に、一つひとつ向き合って」より組合員さんのくらしに役立つ生協を一緒に創っていくことができます。24万人の組合員さんと、１８８２人の役職員とが、力を合わせると、すごいことが実現できそうです。おもしろい世界が広がっていると思うので、みんなで楽しく挑戦していきたい。

コープみやざきの「お取引先観」

（まがた　かずお
14年8月「みらい」）

台風の関係で、7月に予定していた「にじのわ会」※総会は中止になりました。「にじのわ会」は、主なお取引先268社でつくる会で、毎年総代会後に、決算の状況や総代会で決まった今年の方針等を説明し、相互の交流を図る総会を開いています。会員様には、毎月、部内報「みらい」※や、「こんなこと聴けたよ！気づいたよ！報告書」などを送っているので、コープみやざきの考え方や経営状況については、だいたいご理解いただいています。

専務報告では、事前に商品本部の職員のみなさんに、お取引先に対して「役に立った・助かった・うれしかった」事例と「困った・改善してほしい」事例を、具体的に書いてもらい、それを総会の場で紹介しています。「役に立った・助かった・うれしかった」ことは、お取引先の会社名や対応してくださった担当のお名前も紹介しています。一生懸命に努力していただいているお取引先に、少しでも感謝の気持ちを届けたいという思いからです。

今年「うれしかった」ことに関連して、紹介する予定だった商談用紙に書かれていた事例を、職員のみなさんにも紹介します。

「営業担当の方は、自社としてのメニュー提案が決まった時、うれしくてその日は奥様と祝杯を挙げられたそうです。企画実績をお知らせしました。それぞれの企画品の実績の高さに驚かれていました。

惣菜部門まで巻き込んだ部門串刺しでの取り組みをしてもらった企業は全国でもおそらく初めて。来月の支店長会議の場で、全国の支店に向け、コープみやざきの取り組みを報告されるそうです。花ヶ島店に※マネキンで入られた時の感想として、まず、迫田和子店長の店内放送や、一緒に商品をお知らせしようとするパワフルさに驚いたとのこと。また、組合員さんもフレンドリーで、積極的にお好み焼きの焼き方などを尋ねてこられたそうです。いろんな企業や店舗で試食販売をしてきましたが、ここまで親しみのある職員や組合員さんに接していただいた記憶はありませんと言われました」

「新任の副社長が、ぜひみやざきにあいさつに行きたいとのことで、担当の方からの要請で商談となる。みやざきに来たかった理由は、毎月組合員さんから寄せられる声をたくさん送ってもらっているのを社内で回覧・掲示すると、社員が喜んでいるとのことで、どういう形で返せばいいのか聞きたかったからとのこと。対応としては、現場の方が喜んでもらっていることをありのままに返していただければ、組合員さんに伝えたり、カタログで案内することができる。ぜひ現場の方の声を送っていただくよう伝えました」

コープみやざきの「お取引先観」には「お取引先は、組合員さんのくらしに役立ち、生協事業が成り立っていくためのパートナーです。お互いに協力し合って組合員さんのくらしに役立つことで、お互いの事業経営がよくなることをめざします。同時に馴れ合いにならず緊張感のあるものにしていきます」とあります。パートナーですから、お互いに同じ方向をめざす仲間です。より近い関係ができていくといいなと思っています。

くらしの願いを実現する生協を「一緒につくり、育てる」

（まがた　かずお
14年9月「みらい」）

7月の「わが家の声カード」から。

「年老いた私の話をよく聞いてくださり、商品のアピール・このように料理したらよいですよと教えてくださいます。本当に短い時間ですが、帰るときは、水分を取るようにとか、優しく私の体を気遣っていただき、ありがたいことです。生協を取って、本当によかったと思います」（日南市吾田の組合員さん）。調べてみると85歳の組合員さんで、6年前に加入され、共同購入を毎週利用されています。担当しているのは、24歳、入協2年目の井上啓さん。世代を超えた優しい関係が伝わってきます。

「住宅サービスについて。生協は、私にとって困ったときの『お助け寺』です。今まで、駐車場等でお世話になりましたが、今回屋根の上の温水器カバーが外れていたのも、早急に手を打ってもらい、本当に助かりました。ありがとうございました」（宮崎市清武町の組合員さん）。生老病死に伴う心のよりどころとしてのお寺さんと同じように、何かあったときに頼りになる存在になっているんだと思います。

「大塚店鮮魚コーナーについて。取り扱う魚の種類も多く、珍しい魚を丸ごとさばいていただくことも。片身は刺身、片身は塩焼き、アラは味噌汁にして楽しんでいます。嫌な顔をせずいろいろ教えていただけて、まるで『実家のよう』。お店が新しくなってからは、魚のお惣菜も増え、楽しみも美味しさも倍増」（宮崎市生目台の組合員さん）。日頃の職員の仕事ぶりや、組合員さんへの対応を見て「実家のよう」と感じてもらっているのだと思います。「実家のよう」だからこそ、本音でさまざまな要望も言ってもらえます。家族のような近い関係ができていくと、さらに信頼感や期待感が増していくと思います。

昔、まだ生協が小さかったころは、組合員さんが増え生協が大きくなることで、仕入条件がよくなったり、新たな商品が扱えるようになったりしました。そうすることが、組合員さんのくらしに役立つことでした。そのため、職員の大きな関心は組合員さんが増えていくことにあり、一人ひとりの組合員さんに寄り添って、その組合員さんの要望に丁寧に応えていくことは不十分でした。

その後、基本方針ができ、「めざす」ことが整理され「生協は、組合員さん一人ひとりが、自らの必要のために、職員と一緒につくり、育てた組織です。くらしの願いを実現するため、観ること、聴くこと、そして応えていくことを全力で進めます」の視点が明確になりました。一人ひとりの組合員さんときちんと向かい合い、くらしの願いを実現する生協を「一緒につくり、育てる」ことで、少しずつ家族のような関係をつくれてきたのだと思います。生協の組合員さんと職員との関係が、「家族のよう」な関係、「長年連れ添った夫婦のよう」な関係になっていくといいなと思っています。いろいろあっても、将来に向かって一緒に生きていくことができます。

組合員さんと職員とが一緒に創っていける盆踊りみたいな店

（まがた　かずお
14年11月「みらい」）

「近くのスーパーに昼食を買いに行き、卵を1個欲しいことがあったので、レジの人に1個売りはしないのですかね?と聞いたら、今度店長に聞いてみますと言われた。翌週、その人のレジに並んだところ、卵の1個売りは店長判断ではできないので、店長会議で話してみるとのことでした」（くらしの保障部・柴田謙次さんの週報から）

専務になりたてのころ、優れたスーパーマーケットとして紹介された、福岡のスーパーと関東のスーパーを見学に行ったことがあります。福岡のスーパーは、品揃えも豊富で、こだわりの商品も多く、ディスプレイも凝っていて、ディズニーランドみたいでとても楽しい店でした。たまたまその日、こだわりのバナナの販売をしていました。価格も安く、高地でできた甘味の濃いバナナという元気な音声※POPもあったので、多くのお客さんが買い求めていました。ただ、売られていたのが1房単位しかなく、見学したのが昼食後だったので「1本か2本、分けてもらえませんか」と頼みました。すると、店員さんが「ここにあるだけです」と応えました。対応したのは、新人らしい社員さんでした。そのあと、このスーパーの別の店にも行きました。そこの果物売り場の担当は、他の社員さんにいろいろ指示も出している明らかに責任者と分かる方でした。同様に尋ねると、ここでも「ここにあるだけです」と断わ

買い場のみょうが・生姜、少量目の品揃え。他にもご要望に応じてその場で小分けにしてお渡ししています

られ、バツが悪かったのかすぐにバックヤードに引っ込まれました。同じころ、関東のスーパーでも同様の経験をしました。商品は、ニュージーランド産のリンゴ「ジャズ」。日本の貯蔵リンゴに交じった品揃えをされていた、小ぶりの新モノで、7個498円の袋入りで売られていました。宮崎では食べたことのないリンゴだったので、1個か2個欲しいとお願いしましたが断られました。

バナナにしろリンゴにしろ、目の前に商品はあります。ただ、売っている単位が、1房だったり袋詰めだったりしているだけです。流通の都合や、効率的な販売の都合でそうなっているに過ぎないのです。商品がそこにないのなら仕方ありませんが、あるのに売らないというのは、よく考えたらおかしな話です。八百屋のおやじさん・おかみさんなら「喜んで！」という対応をするはずです。お客さんに対応する社員さんに、卵1個、バナナ1本小分けする権限がないということです。

「夏物のパジャマは、上はTシャツを着るので下だけ売ってもらえませんか?」「わかりました。半額でいいですか」「孫が学校で、歯磨きのとき使うプラスチックのコップ、ピンクがありますか?」「4色組しかないので、この中のピンクでいいですか」「大根と煮るのに、このゲソは量が多いのですが…」「半分の量でいいですか」。いずれも、コープみやざきの対応です。即「わかりました」という対応が気持ちいいですね。遠慮がちに尋ねられる組合員さんもきっと満足されるはずです。ショーとして楽しいディズニーランドみたいな店でなく、組合員さんと職員とが一緒に創っていける盆踊りみたいな店の方がいいなと思います。

トイレットペーパー1個の品揃えもあります（財光寺店）

「パジャマの下だけがほしい」という組合員さんのご要望から品揃えしました（佐土原店）

「生協があるおかげで私の人生は楽しい」と感じてもらいたい

（まがた　かずお　14年12月「みらい」）

先日の朝日新聞の「リポートみやざき」に「高齢ドライバー者をよき友に」という記事がありました。「県内で運転免許を持つ65歳以上の高齢者は、17万6489人」「県警は、運転に不安を感じた人には免許返納制度の利用を呼びかけている」「近年は1300人程度で推移」とあります。小林の田舎に一人で住む父は、83歳になりますが今も車を運転しています。近くに買い物ができる店もなく、車がくらしの必需品です。ただ、運転には不安もあるようで、車に乗るのは昼間だけです。日々の生活は、毎日の宅配弁当と、ときどき町に出かけたときのまとめ買いが頼りです。これから先、さらに運転が不安になったとき、1300人の一人になるのだろうと思います。マスコミなどは、買い物に行く手段がなくなったり、近くのお店がなくなったりして、日常の買い物が難しくなった人のことを「買い物難民」「買い物弱者」と言ったりしています。運転ができなくなったとき、父もその一人になるのかもしれません。

「数年ぶりに担当させていただく地区で、組合員さんが高齢に伴い、お休みされたり、亡くなられたり。子どもさんが離れてお一人、お二人世帯になっていたりと、寂しく思える変化を感じる場面が多くありました。世帯数に対する共同購入の登録率を深く考えたことはない気がします。今まで利用を支えてくださっている世代にさらに役立てることを探しつつ、若い方や今まで利用したことがない方へお誘いを強めて、くらしの質を高めるお手伝いをしていきたい」（日向支所・橋本郁美さんの「こんなこと聴けたよ！気づいたよ！報告書」から）

くらしの変化・地域の変化は少しずつですが、確実に進んでいます。数年ぶりに担当することで、その変化を実感されたのだと思います。いろいろな変化はあったとしても、そこに人がいる限りくらしは続いていきます。

基本方針書には、「県民一人ひとりの一生のどこかの場面でコープみやざきが役立つことができる。より多くの人に、より多くの場面で『生協があるおかげで私の人生は楽しい』と感じてもらいたい」「県内で生活するみんなに、生協に加入してもらいたい、事業はすべて利用してもらいたいという構えで仕事をします」とあります。

生協の共同購入は、県内全域を対象とし、そこに住む人に継続して対応していくことができる事業です。毎週カタログを届け、毎週必要な商品を届け、しかも毎週職員が直接接し対応できるしくみを持っています。そして、くらしに必要な商品を1週間分まとめて買えるしくみなので、利用のリズムさえできれば、あとの毎日がとても楽になるしくみでもあります。近くにお店がなくても、車の免許がなくても、共同購入の登録をしてもらうことで、組合員さんの日々のくらしを支えていくことができます。県内世帯に占める、コープみやざきの共同購入登録率は17．8％。まだまだ役立つ可能性はあります。私たちの心構えが大事になっています。

まずはやってみる

（まがた　かずお
15年1月「みらい」）

新しい年を迎えると、きっと何かいいことがあるような気がします。昨年、店舗事業も共同購入事業も、事業の中身が質的に深化し、組合員さんからたくさんの喜びの声や感謝の声をいただくことができました。それが業績にも表れていて、すばらしい結果になっています。1888人職員のみなさんの日々の努力にあらためて感謝します。ありがとうございます。

職員総会の報告のために、1年間の部内報や「団らんにゅーす」を読み返してみました。部内報の毎月の特集は、その時々に光を当てたい優れた実践を、店長会議やエリア長会議※で推薦してもらい、常勤理事会で確認して、特集記事になります。職員総会や事例発表会での実践報告のときのように壇上での拍手はありませんが、取り上げられた人は紙面のなかでスポットライトをあびることになります。どれもが方針に沿ったすばらしい事例ですから、1回読んで終わりにするにはもったいないほどの宝がそこにはあります。

今回、読み直してみて気づいたことがあります。共同購入の特集として載っている事例を、店舗の仕事に置き換えて考えたとき、参考にできるたくさんのヒントがあるということです。共同購入の仕事は、組合員さんと職員とが1対1で接する仕事だからだと思います。記事は、店舗の事例は店舗の職員が、共同購入の事例は共同購入の職員が読むことを想定して作られていますが、業態の違いを超えて生かせるものがたくさんあります。

例えば、11月号の宮崎南支所・髙野心平さんの「地責として組合員さんに、リーダーとして働く仲間に、『喜んでもらいたい！』が行動の原動力」という特集には、こんな一文があります。「※供給高などの実績は、自分がどれだけ組合員さんに喜ばれる仕事ができたかを観る指標」「〝髙野から買いたい〟と、どれだけの組合員さんに思っていただけたか?の結果が実績」。これは、そのまま店舗での仕事に当てはまります。店舗の仕事は、部門としてのチームの仕事ですが、部門の一人ひとりの「どれだけ組合員さんに喜ばれたか」の合計、一人ひとりの「あなたから買いたいと思われたか」の合計が、業績に表れます。また「チームリーダーの髙野さんは、メンバー一人ひとりをよく観て、いい実践には光を当てるし、年齢や生協歴に関係なく率直で的確なアドバイスをする」「メンバー同士が何でも言い合える関係が必要で、一人ひとりを気にかけて声をかけることが大事」とあります。これも、店舗の部門マネージャーの仕事にそのまま当てはまります。

今年の方針で「『まずはやってみる』を改めて強め、『できている人や部門、事業所に徹底的に学ぶ』をひろげる」を提起しました。「まずはやってみる」ためには、気づきと勇気が必要です。気づきが変化を創る出発点になり、勇気を持って一歩踏み出すことで新たな変化が生まれます。そして、「できている人や部門、事業所」は、同じコープみやざきのなかにたくさんあります。そこから深く学ぶことで、今年さらによりよい生協に深化していく予感がしています。

相手の立場に立って考え、喜ぶことをする

（まがた　かずお　15年2月「みらい」）

「生協のお店で買い物ができる組合員さんは幸せですね。声をかけていただけるって幸せです。私の義母は、鹿児島で一人暮らしをしています。近くに大きな店があるのですが…。レジの方も業務的に接しておられ、話しかけても『何言っているの』という顔をされるそうです。そのためか、最近では外出することさえ遠のいています。今日ほど『コープの店があったらいいな』『母からするとうらやましいだろうな』と思ったことはありません。これも働く職員の方々がつくってこられたのでしょう。うれしいですね」（品質管理センター・村山エリ子さんの職員総会感想文から）

昨年から始まった「組合員さんの顔と名前、お気に入りを覚える」が、1年間で大きく広がりました。レジカウンター部門だけでなく、全部門で組合員さんと接するいろいろな機会を見つけて、努力がされています。組合員さんときちんと向かい合うことで、組合員さんとの距離が近くなり、より多くの声が聴けるようになっています。「こんなこと聴けたよ！気づいたよ！報告書」の枚数も増え、組合員さんのお名前が書かれたのも増えています。聴けた声を生かしていくことで、さらに役立ち喜ばれる関係になっています。

並んでいる商品や陳列の仕方は目に見えますが、組合員さんとの関係は、目には見えません。関係の

「組合員さんの顔とお名前を覚えることで会話もはずみます」佐土原店の光景

近さは、組合員さんと職員とがお互いに感じ合うもので、お互いにはもちろんよくわかるものです。「この職員さんは、私のことを大切に思ってくれている。もっと役立つ仕事をしようと一生懸命頑張っている」や「この組合員さんは、いつも私にやさしい笑顔で声をかけてくださる。私のことを気遣ってくださるし、気づいたことは気軽に教えてもらえる」といった思いは、言葉にしなくてもお互いには伝わっています。ただ、こうした近い関係ができていくには、時間がかかります。相手のことを思い、こころを込めて対応する。相手の立場に立って考え、喜ぶことをする。自分のことや思いを伝え、共感してもらう。そうした努力の積み重ねが、近い関係を創っていくのだと思います。愛し合って結婚した夫婦でも、お互いのことをよくわかるのに時間がかかるのと同様です。

今までのスーパーマーケットは、目に見えるもの、形あるものの世界で、他の店と競争してきたのだと思います。商品の品揃えや陳列だけでなく、チラシで価格競争をする、ポイント何倍デーをするといった競争です。目に見えるもの、形あるものは、マネをしようと思えばできますが、組合員さんと関係を創っていくということは簡単ではありません。簡単でないだけに、これができていくと、大きな力になります。組合員さんと職員とが力を合わせて、よりくらしに役立つ生協を一緒に創っていく力です。

かおる坂店フロア部門・松岡万起子さんの感想文には「組合員さんと職員とが協同してくらしに役立つお店づくりをめざすために、今年もたくさんの組合員さんを覚えていこうと思います」とあります。今年も全員でチャレンジしていきたい。

レジでは組合員さんのお名前を呼んで
コープカードを返しています

「私のことをみんなが気にかけてくれている」生協

（まがた　かずお
15年3月「みらい」）

花繰店農産部門マネージャー・松田直樹さんの「こんなこと聴けたよ！気づいたよ！報告書」から。
「先日、部門責任者の宮元智子さんから『「フレンドリーバナナ」の入荷がなく、組合員さんに「高原バナナ」をおすすめしました』と、報告をもらっていました。今日、その組合員さんが買い物をされていたので、「フレンドリーバナナ」のお詫びと、「高原バナナ」の味はお好みにあったかどうか話を聴きました。すると、「高原バナナ」も美味しかったと話され、また、旦那様からは『覚えてくれたんだね。ありがとう』と、たいへん喜ばれました。いつも、ご夫婦で買い物をされていて、「フリルレタス」と、新たに「フレンドリーバナナ」もお気に入りとわかりました」

一人の組合員さんのことを、松田さんや宮元さんなど部門のみんなが気にかけ、情報を共有化して、対応していることが伝わってきます。こんな対応が、供給高前年比１０９％と、すばらしい業績につながっているのではと思い、松田さんに、工夫していることや努力していることを聴いてみました。

「きっかけは、昨年12月花ヶ島店であった部門会議のときです。花ヶ島店の水産部門のみなさんが、組合員さんのことをノートに書いて、みんなで情報を共有していることを知り、教えてもらいに行きました。部門責任者のみなさんに聴くと、組合員さんのことをよく知ろう、覚えようと、みんなで努力されていることが分かりました。部門は違っても、花繰店でも、同じようにできるはずだと思って始めました。意識したことは、部門の誰かが組合員さんと会話したことは、なるべく聴くようにしたことです。そのとき対応したことが分かると、次に来店されたとき、その職員がいなくても対応できます。その時だけの対応に終わらず『この前買われた○○はどうだったですか』と、継続した対応ができます。組合員さんからびっくりされることもありますが、とても喜ばれています。組合員さんのことを、みんなで知ろうという雰囲気が少しずつできているように思います」

八百屋のおかみさんがお客さんに対応する場合、相手も一人、こちらも一人ですから、前回どういうやり取りがあったかは覚えていて、次に生かすことができます。ところが、部門が複数になり、働く職員も増えてくると、こちらが「一人」ではなくなります。一人の組合員さんに寄り添い、ずっと役立ち続けていくためには、部門全員がその一人の組合員さんのことについて情報を共有化し、部門全員が「一人」になっていくことが必要です。組合員さんと職員との1対1の関係というとき、職員の1というのは、本当は部門全員を表す1なのだと思います。組合員さんから観ると、「誰に伝えても全員に伝わるので、私のことをみんなが気にかけてくれている」生協になります。たくさんの笑顔や感謝のある生協を創ることができます。

「自分が何のためにこの世に生を受けたか」に気づける日

（まがた　かずお
15年4月「みらい」）

先日、総合職職員の入協式がありました。今年は、大学新卒の人と、専任職から総合職になった職員の、合わせて9人が入協されました。入協式での晴れやかな顔を見ると、こちらまでうれしくなってきます。式は、和田裕子会長からの組合員代表としての歓迎のあいさつ、亀田高秀理事長からの歓迎と激励のあいさつのあと、私が一人ひとりに辞令を渡します。辞令には、亀田理事長からの「あなたの一生けんめいが運を呼ぶ。倖せを呼ぶ。」という御木幽石《みきゆうせき》さんの色紙が添えられます。

そして、一人ひとりに決意表明をしてもらいます。それぞれから、緊張しながらも、これからの仕事に向かう熱い思いや、社会人としての抱負が語られます。これから一緒に働く仲間として、頑張っていってほしいなと心から思う瞬間です。そのあと、常勤役員の紹介があって、参加者全員で記念写真を撮って、握手をして解散となります。

今回、新卒入協職員の親御さんからの手紙が届いていました。私も読ませてもらいましたが、これまでの成長や努力を振り返りながら、これから生協で働くことへの期待や励ましのことばと感謝のことばがいっぱいつづられていました。読まれた職員は涙をこぼされていましたが、きっと、期待に応えられるよう一生懸命頑張ろうと決意されたことだろうと思います。親御さんのことばに共感して、私まで涙

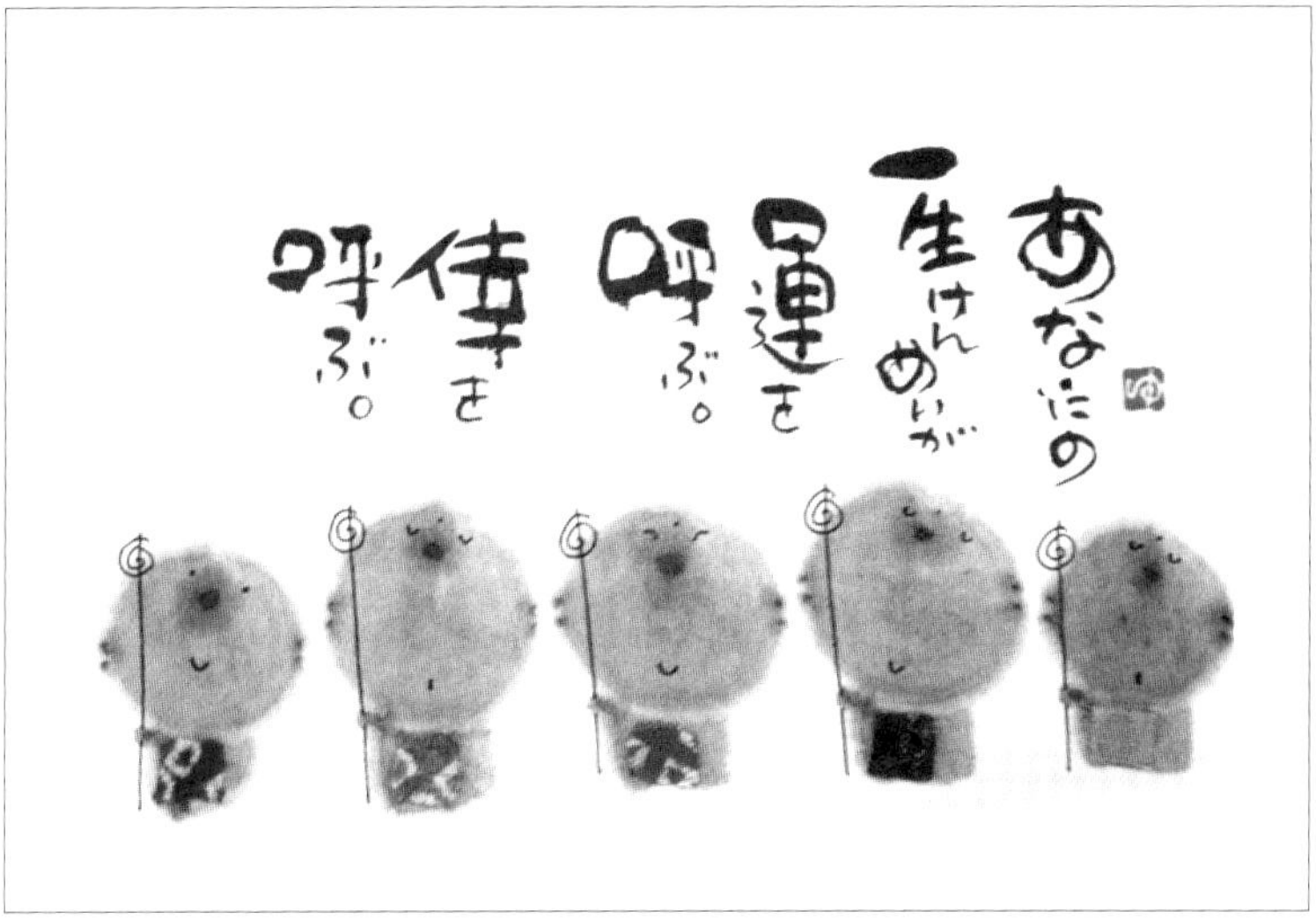

御木幽石さん作

をこぼしてしまいました。

私も昔、県外の生協に就職したとき入協式がありました。式の内容は全く忘れてしまいましたが、その日に田舎の両親から1枚のハガキが届いていたのは覚えています。たどたどしい文字でしたが、故郷を遠く離れたわが子への親の思いが伝わってきて感激し、あらためて「自分で選んだ道だから、頑張って人の役に立つ仕事をしよう」と心に誓ったことを覚えています。

最近読んだ本の中に「人生で最も重要な日を二つ挙げるとすれば、それはいつだろうか?」という問いかけの一文がありました。「一つは明らかだ。誕生日である。しかし、二つ目はそれほど明らかではない。学校を卒業した日、結婚した日、最初の子どもの誕生日——これらは記念すべき重要な日だが、人生を決定づけるほどの重みはない」と続き、筆者の答えは「自分が何のためにこの世に生を受けたか気づいた日」とあり「その日は、人生の大きな支えになる。真の目的、使命を発見してしまうと人生は一変する」とありました。そして「だれもがそのような日を経験するとは限らない」とも書かれていました。

就職して社会人になる日が、単純に本に書かれてあるような「二つ目の重要なその日」になるとは思いません。しかし、生協という組織で仕事をしていく中で「自分が何のためにこの世に生を受けたか」に気づける日が来ればすばらしいだろうなと思います。「人の喜ぶことをする」ことが、自分の喜びになる仕事ですから、自分で自分の人生を、より輝きのある人生にしていくことができます。

コープ共済をお守りのひとつとして

（まがた　かずお　15年5月「みらい」）

「お祝いのプレゼントに、お祝いのお言葉、ありがとうございます。わが家は男の子二人で、毎日毎日怒鳴っている私です。腹も立ち、憎たらしくもありといった毎日ですが、私がお腹を痛めて、6年前に生まれてきてくれたわが子。本当に可愛くて、今でも生まれてきてくれてありがとう！　という思いでいっぱいです。いただいたメッセージで涙が流れてしまいました。ありがとうございました」

いただいたメッセージというのは、コープ共済「たすけあい」「ずっとあい」に加入されている新入学の子どもさんに届けている、「小学校入学おめでとうございます」メッセージです。契約していただいている組合員さんからのお祝いとして、新入学の子どもさんに、名前入りのエンピツとハンカチを贈っていますが、それに添えられているメッセージです。元職員の元屋敷江美子さんがつくられた文章で、次のような内容です。

「桜の花舞う季節に、ランドセルを背負ったお子様を笑顔で見守られるお父様、お母様。ご加入のコープ共済より、ご入学のお祝いをお届けしました。どうぞお受け取りください。『生まれてきてくれてありがとう』とわが子の誕生を祝ったあの日から今日まで…初めて歩いた一歩に感動したあの日。お子さんを抱き上げ〝高い高い〟して笑い声いっぱいになったあの時。突然の病気やケガでハラハラしたあの日…。さまざまな出来事の中、今日を迎えられたことと思います。これからますます楽しい思い出

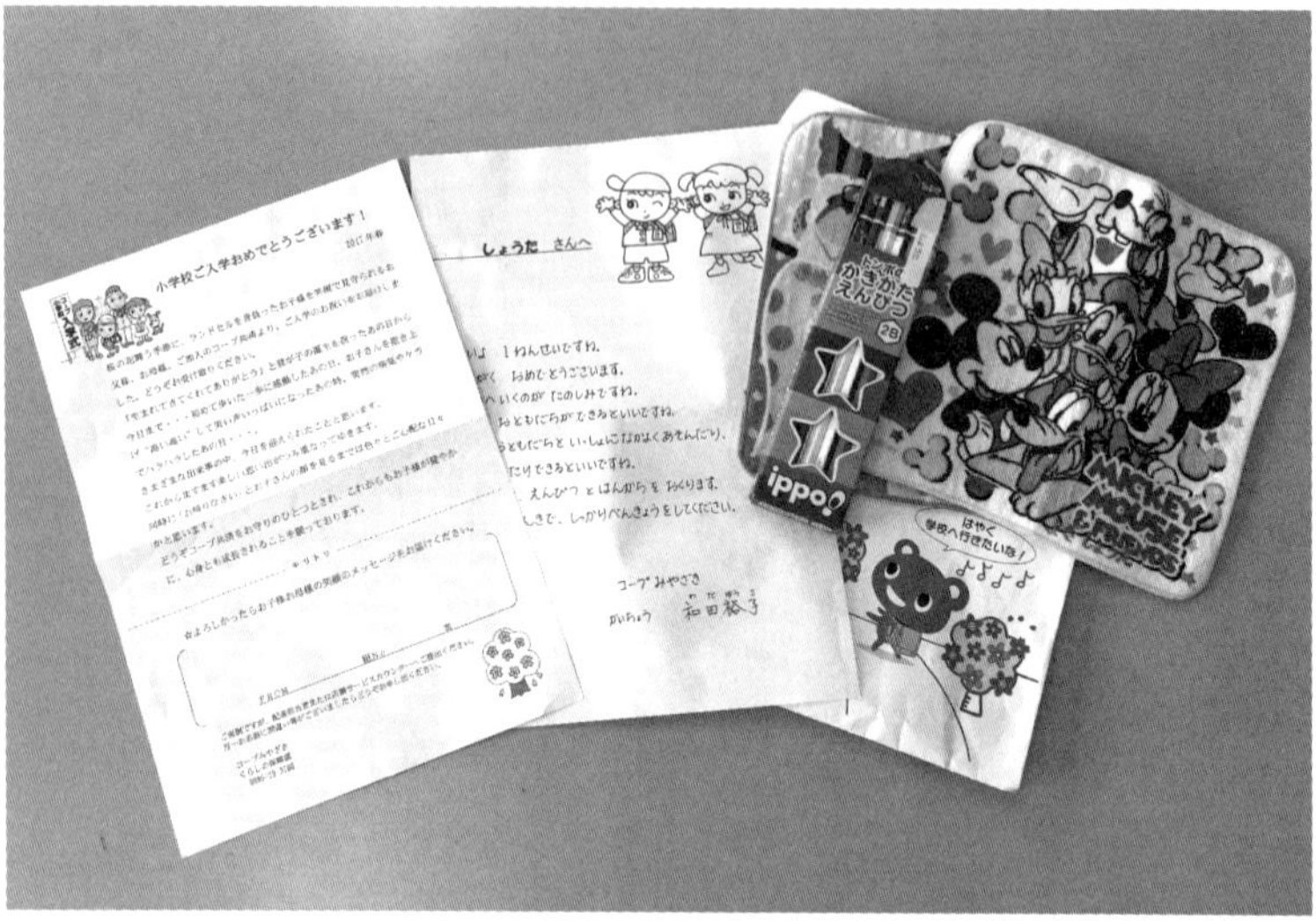

小学校新入学のお祝いプレゼント　お名前入りのハンカチとえんぴつをお贈りします

が積み重なってゆきます。同時に、「お帰りなさい」とお子さんの顔を見るまではいろいろとご心配な日々かと思います。どうぞコープ共済をお守りのひとつとされ、これからもお子様が健やかに、心身とも成長されることを願っています」

このメッセージを読むと、私も子どもが小さかったときのことを思い出します。父親は、母親ほど子育てに直接かかわる時間は少なく、どちらかというといい時のことしか記憶に残っていませんが、それでもいろんな感慨があります。

このお祝いは毎年取り組まれていて、今年は１１３３人に贈られました。子どもさんからのひらがな文字で一生懸命書かれたお礼や、親御さんからの感謝や喜びの声もたくさん届いています。冒頭のお母さんからのお礼状を読むと、母親としてのわが子を思う気持ちがとてもよく伝わってきます。子どもが生まれた瞬間から、お母さんは子どもと一緒の時間が始まります。そして、メッセージにあるような、さまざまな出来事を一番身近で感じる存在だからこそ、その子が入学というハレの日を迎えるとき、それまでの6年間が頭に浮かび、無限の感慨を覚えるのだと思います。

この取り組みは、コープ共済に加入している仲間の組合員さんからのお祝いですが、受け取る組合員さんにとっては、自分とわが子の6年間を振り返り、生きてきた時間を確かめ合う機会、そして、今一緒に生きていることを喜び合う機会にもなっているのだと思います。これからも大事にしていきたいと思います。

お店でも組合員さんと一緒に入学のお祝いをしています

毎週ルールを守って入金されている組合員さんの想いを大切に

（まがた　かずお
15年8月「みらい」）

以前1度だけ、うっかりして共同購入の口座引き落としができず、未納を出したことがあります。役員なのに恥ずかしいという思いと、申し訳ないなという思いをしました。それ以降は、口座には少し余計目にお金を残しておくようにしています。

地責のみなさんの努力や、元屋敷修一さんと未納金対策チームの努力のおかげで、2013年以降、4ヵ月以上の長期未納金が0で、貸倒れ処理も0という状況が続いています。貸倒れ処理というのは、組合員さんからどうしてもお金の回収ができないと判断をしたとき、あらかじめ積み立てておいた生協の「貸倒引当金」から取り崩しをして処理をするというやり方のことです。そういうことをしていないということですから、コープみやざきでは利用されたお金は必ず支払っていただいている状況にあるということです。

県民世帯に占める組合員さんの割合が50％を超えていますから、世の中で起こっていることは生協でも起こりうると、時々言われます。未納金対策チームの「月の振り返り」に、びっくりするような事例が書かれていました。宮崎北支所の原田海さんが担当している、暴力的な言動をする困った組合員さんの事例です。「『今まで1度も毎週入金をしたことがないので、今後ともお金があるときのみ支払う。しばらくお金はない。連絡してこないでよい』と、何度も担当職員に説明したが、毎週入金してほしいと言われるので経理部に電話した。『お金があるときの支払いでよい』と担当に説明し指導してほしい」。ここまで読んで、変わった人もいるなと思いましたが、「振り返り」には、言われる内容も普通ではないが、それよりも口調が普通ではないと書かれていました。話を引き継いだ元屋敷さんがこの人に電話をし「現在の未納金はすぐに全額お支払いください」というと、非常に怒り、とんでもない暴言を吐いたとあります。しかし、元屋敷さんはそんな脅しにも屈せず、約1ヵ月間何回も話をし、論理的に根気強く説明する中で、少しずつ理解してもらえるようになったようです。最後には入金してもらえたのですが、毎週入金について注意を受けたことがなかったという開き直りに対して「暴力的な言動をする人に、たとえ注意しなかったとしても、それは注意しない側の問題ではない。そんな状況でも、面倒がったり、不当に圧力に屈したりしないで、きちんと注意し続けた原田さんと経理部職員は立派だと思いませんか」と説明すると、「そうですね」と少ししょんぼりされていたとあります。

「毎週ルールを守って入金されている組合員さんの想いを大切に、より気持ちよく利用していただくため」そして「地域で真面目に生活されている方々が、より気持ちよく生活できるため」に沿って、原則的に対応してもらっていることに改めて感謝です。未納金対策チームのこの視点は、これまでいいかげんな生き方をしてきた人に対しては、その生き方でいいのかを考えてもらう厳しい問いかけにもなっています。そんな真剣な問いかけができる生協は、よりよい地域社会をつくる上で、目立たないけれど大きな役割を果たす貴重な存在になっています。

「一人ひとりの組合員さんの、一つひとつの商品の使い方」をつかみ生かしつなぐ

（まがた　かずお
15年9月「みらい」）

都城支所・鴨林正典エリア長の月の振り返りにあった「組合員さんの声を返すことで、組合員さんをよりハッピーに！」から。

都城支所メンバーも地責※ニュースで活用させていただいた、小岩井英爾《えいじ》さんが聴いた高崎の組合員さんのドレッシングレシピ。先週も、崎田大樹さんが「あのレシピ見て作ったら美味しかったよ！　子どもも美味しいと言ってたよ。サラダにもいいけど、豆腐にかけても美味しかった！」の声をもらいました。組合員さんの反応をみんなが聴いてきてくれたので、教えていただいた組合員さんに、小岩井さんがお礼を伝えてくれていました。「教えていただいたドレッシングのレシピ、他の職員もニュースに使ってすごく好評ですよ！　安くできてすごく美味しいって！」組合員さんからは「それはそれは、ありがとうございます。今度は、玉ねぎ酢を作ったのよ…」と喜んでいただき、新しいレシピを教えていただきました。「一人ひとりの組合員さんの、一つひとつの商品の使い方」をつかみ生かしつなぐ。自分の声が他の組合員さんに生かされたとき、生協に生かされたとき、聴いてくれて嬉しい！　言ってよかった！　とハッピーになる瞬間ですね。

店舗版「団らんにゅーす」でも紹介されていた、都北店レジカウンター・江藤亜沙美さんの「こんなこと聴けたよ！気づいたよ！報告書」から。

北海道チーズ蒸しケーキミニの3個パックを買われた組合員さんから「これを凍らせて食べるとチーズケーキみたいで美味しいよ」と教えていただきました。手軽にデザートになっていいですねとお話ししました。すると後ろに並んでいた別の組合員さんが「何か教えてもらったの？」と、会話を聞いておられたみたいで「私にも教えてよ～」と話されました。チーズ蒸しパンのことをお話しすると、「私も買うわ！」と3個も購入されました。「孫がいるからね。いいこと聞いたわ。お互いにいい話が聞けたね。ありがとうね」と笑顔で帰って行かれました。私も今日買って帰ります。

組合員さんの名前やお気に入りが分かり、親しくなってくると、くらしの工夫や商品の使いこなしの知恵が、より多く聴けるようになります。その情報を他の組合員さんにつないでいくことで、組合員さん同士のつながりをつくっていくことができます。カタログや地責ニュースで身近な組合員さんのくらしの知恵を紹介すること、あるいはお店で組合員さん同士の会話が弾むような場面をつくることは、新たなつながりができていくきっかけになります。

教えてもらった組合員さんが喜ばれることはもちろんですが、その情報を発信された組合員さんにも喜んでもらえます。まさに、善の循環であり、組合員さん同士の喜びの循環です。この循環が広がることは、身近な地域で組合員さん同士が、協同してより豊かなくらしをつくっていくことになります。組合員さんの声を聴いてつないでいく一人ひとりの職員の関わりが、大きな意味をもっていると改めて感じています。

組合員さんも職員も幸せ

（まがた　かずお　15年10月「みらい」）

先月、大阪で行われた「実践事例発表会」、今年は花ヶ島店の迫田和子店長に発表してもらいました。この発表会は、全国21生協から、優れた事例を一つずつ持ち寄って発表し、お互いに学び合う場です。コープみやざきで行っている「事例発表会」の全国版、いわば「事例発表甲子園」です。

迫田店長のテーマは、「店長になって大切にしたこと」というものでしたが「名前やお気に入りを覚える」「組合員さんと一緒に写真を撮る」などの取り組みを進めて、組合員さんとより近い関係を創っていけたこと、そしてそのことで、より多くの声が聴けるようになり、いろいろな改善や、その組合員さんにかみ合った対応ができるようになったという報告でした。花ヶ島店は、店長のリーダーシップのもと、この取り組みが全部門で進められていて、店内に入ると「人の温かさを感じる」お店になってきています。組合員さんからは「なんとなくほっとする」「実家に帰ったみたい」という声も届くようになっています。

今回の発表を聴いて、新たに気づいたことがありました。それは「方針通りに仕事を進めることは、組合員さんも幸せになるし、そこで働く職員も幸せになる」「組合員さんの名前とお気に入りを覚えるという取り組みは、人を幸せにする取り組み」という迫田さんのことばでした。

昨年の職員総会で「組合員さんの顔と名前とお気に入りを覚える」を提起したとき、私のイメージは

「八百屋のおかみさんと、そこにいつも来るお客さんのような関係を創りたい」というものでした。八百屋のおかみさん、魚屋のおかみさん、肉屋のおかみさん…など、各部門におかみさんがいる。おかみさんとお客さんとは互いに名前も分かり、おかみさんはお客さんの好きな商品や料理、住まいや家族構成まで知っている。お客さんの方も、おかみさんの性格や商売の考え方、さらに商売として成り立っているかも知っている。そして、くらしや商品のことについて、何でも気軽に話せるし聴ける。お互いに相手のことを気遣って人間的なふれあいがある。そんな近い関係が、生協のお店の各部門でできていくといいだろうなという思いでした。こうした関係は、簡単にはできないし、時間がかかります。でも一旦できると、お互いその関係の心地よさがわかり、お互いが大事にしたいという思いになります。そして、より近い関係になればなるほど、より多くの声を聴けるようになり、その中には事業に生かせる宝がたくさんあり、声を受け止め生かしていくことで、さらに役立ち喜ばれる生協にしていくことができます。関係性を深めることが、事業の質を高めることになります。

迫田さんに教えられたのは、この取り組みが、事業の質を高めるというだけでなく、組合員さんも職員も幸せにし、お互いの幸せをつくりだしているということでした。お店という存在が、関わる人々の幸せをつくりだせる存在になれたら、すごいことだと思います。組合員さんと協同して、そんなすごいお店をつくっていきたい。

組合員さん同士が生協のグループを通してつながっていること

（まがた　かずお
15年11月「みらい」）

受取場で「最近母親に認知症の症状が強く出てたいへん」と組合員さんが話されていました。「毎日のように母から電話がかかってきて、私の方が病気になりそう…」とのこと。すると、同じグループの方が「毎週、ここの配達のときに、話せばいいわよ」と言われ、僕も「何でも聴きますよ。遠慮せず言ってくださいね」と応えました。組合員さんはとても喜ばれ、気が楽になったと話されました。共同購入のメリットはこういう所だと思います。僕に何かできるということはないけれど、いつでも聴いてあげようと思います。

「月の振り返り」に書かれていた宮崎南支所・清水雅弘さんの「組合員さんに気をかけくらしに役立てた事例・私の感じたこと」です。清水さんは、昨年入協された23歳の職員（先月、結婚式を挙げられたばかり）です。このグループを配達してまだ1年にもならず、しかも自分の母親ぐらいの年齢の人ばかりということですから「僕に何かできるということはないけれど、いつでも聴いてあげよう」という姿勢は素晴らしいなと思います。清水さんに聞くと、他でも同じような事例があり、認知症の親からお金のことをしょっちゅう言われて困っている組合員さんがおられ、自分に何かできることはないか考えていたとのことでした。

地域や近所のつながりをもとにできたグループは、お互いのくらしの状況が見えます。ふだんはあいさつ程度のつきあいであっても、商品を受け取ったり顔を合わせたりすることで、お互いのつながりが大切に生かされ、何か困ったときには組合員さんの力になります。生協の共同購入を一緒にやっていることが、もともとあった地域や近所のつながりを、維持継続したり強めたりすることに、役立っているともいえます。

「毎週、話をする」「毎週、話を聴いてもらえる」関係は、グループをつくっている組合員さんにとっては当たり前のことかもしれませんが、生協以外のところでは、そんなに多くはありません。話をしたからといって、すぐに問題が解決したりすることは少ないと思いますが、少なくとも、自分の悩みを聴いてもらえ、気が楽になることには役立ちます。そういう場が身近にあるということ、そして、その場に生協の職員もいて、一緒に話を聴き受け止めてもらえることは、組合員さんにとっては心強いことです。

高齢化がすすみ、一人暮らし二人暮らしが増えていく時代、地域でのつながりも弱くなり、「精神的な一人暮らし」も増えていく時代です。改めて考えると、組合員さん同士が生協のグループを通してつながっていること、そして職員がそこに寄り添って関わりをもっていることは、目には見えないけれど大きな価値があることです。生協の組合員さんが増え、共同購入登録者が増えていくことは、人と人とのつながりを広げ強めていくことでもあります。県内世帯数に対する、組合員さん加入率は52%、共同購入登録をしている組合員さんは18%。私も身近な人にひと声かけていきたいと思います。

カート戻し隊

（まがた　かずお
15年12月「みらい」）

先日、大塚店に買い物に行ったとき、「カート戻し隊」に申し込みました。2階のカート置き場にあったPOP「『カート戻し隊』を募集しています。カートをエレベーターに乗せる時の安全な乗せ方や台数などお知らせします！　ご協力いただける組合員さんは店長まで‼」を見たからです。車を2階に停めて店に降りていくとき、カート置き場に残っているカートをエレベーターで下まで戻すのが隊員の役割とのことでした。

加藤賢一店長に聞いたところ、「ハロー！コープ」※に届いた次のような二つの便りを参考にしたと話してくれました。「私は以前から駐車場に着きましたら、そのままになっているカートがないか見ます。1台か2台あるときは、心の中で『お待たせ！』と言って一緒に店に持っていきます。一人で『カート戻し隊』を作って、お役に立てればと思っています」（9月店長便りで紹介されたK・Kさんからの便り）。「駐車場に放置されていたカートを見て見ぬふりをしていた私…。店長便りにあった『カート戻し隊』のお便りを読み、実行しよう‼と心に決めました。早速、放置してあるカートを持って行きました。その後の買い物を気持ちよくでき、一石二鳥。放置されないことを望みますが、見つけたら戻していきたいと思っております」（大塚台の組合員さん）

駐車場に置かれたままのカートや、2階の置き場のカートは、職員が時間を見つけて元に戻していま

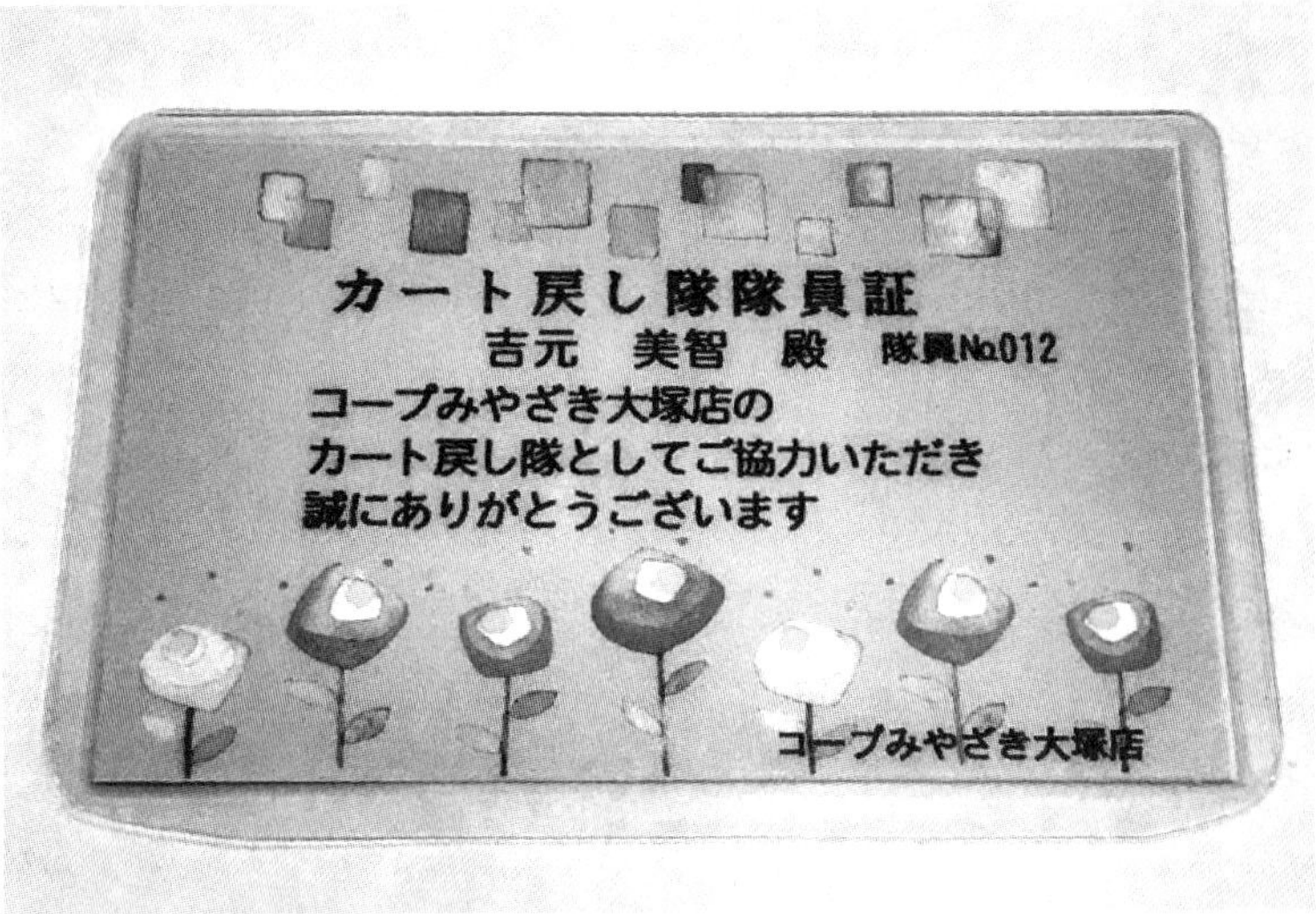

カート戻し隊の隊員証

す。少しでも組合員さんに協力してもらえれば、お店にとってはとても助かりますし、事業を合理的に運営することにも役立ちます。駐車場をよく利用される組合員さんで、協力していただける隊員が増えるといいなと思います。実際にやってみると、大塚台の組合員さんの便りにあったように、私も気分よく買い物ができました。

組合員さんの中には、K・Kさんのように、気づいたこと、よかれと思ったことを一人でされている方が他にもおられるのではないでしょうか。私たち職員がそれに気づき紹介することで、共感された組合員さんが「私も協力しよう」と思われ、広がっていくのだと思います。

以前、亀田高秀理事長（当時専務）が専務雑感に「ストックするものは別にして、その日に食べるものはできるだけ賞味期限の近いものを手に取るようにしている。廃棄が少なくなってお店の担当者が喜ぶのではとか、ついでに環境にもよいのか等と思うと、とてもよいことをしたような不思議な満足感がある」と書かれていました。なるほどと気づき、私も真似てなるべく手前にある日付の古いものや値引きのものを買うようにしています。合わせて、急いでいないときは、棚の商品を1個カゴに入れたら、次の人が取りやすいように奥の商品を前に出す「前出し」もするようにしています。

生協は、組合員さんと職員とが力を合わせてつくっている組織ですから、生協を身近に感じてもらった組合員さんに、自主的な「ちょっと協力しよう」が広がっていくといいなと思います。組合員さんの「ちょっと協力しよう」は、生協を協同して運営していくことになります。

一生懸命チャレンジ

（まがた　かずお
16年2月「みらい」）

今年の職員総会では、「強めること・新たに取り組むこと」として、「水産部門の改革と本郷店の改革にチャレンジする」ことを提起しました。今後の店舗事業を考えたとき、「水産部門の改革と本郷店の改革」は大きな課題になっているからです。具体的な現状の数値も含めて報告提起したため、職員のみなさん、とりわけ該当する職員のみなさんの感想文がとても気になっていました。「希望と不安で複雑な心境」といった感想もありましたが、ほとんどは提起を真正面から受け止めていただき、自分はこうしていきたいと書かれていて、とてもありがたくそしてうれしく思いました。

「かおる坂店が、花ヶ島店・高鍋店の研修を終えて、お魚物菜の夕方できたて商品を案内したり、おかずセットをはじめ100品以上の種類のお魚物菜を部門職員全員がローテーションで行っている取り組みを聴いて、すごいなと感動しました。本年度、水産部門の改革と本郷店の改革が行われるということで、『まずはやってみる』を合言葉に、わが本郷店も美味しいお魚物菜をみんなで協力して作っていけたらと思います」（本郷店水産部門・安永久美子さん）

「本郷店の改革の話、私にもできることがたくさんあるなと感じました。これからは、もっと組合員さんの名前を覚えていきたいです。『リッスン・ドゥ・シー』、組合員さんの声からいろんな改善が行われていてびっくりしました。組合員さんの名前とお気に入りを覚える取り組みや商品小分けの話では、職員の方のすばやい判断がすごいと思いました。人生の大部分を占める仕事なので、楽しく一生懸命やっていきたいです」（本郷店畜産部門・岡田真規子さん）

「入院して気づいたのですが、看護師さんたちはみんな親切で、いつも笑顔の方たちばかりなのですが、なぜかその中でも、気軽に物事を頼みやすい人と、まあそうでもない人がいるのです。ひと言では説明できないオーラのようなものかもしれませんが、確かにありました。そこで思ったのは『今の私は、他からみて気軽に声を掛けられる空気を出しているか？』ということでした。同じ職場の方はもちろん、来店される組合員さんに『何か困っていることはありませんか』と声を掛けることは、もちろん大切なことです。でも、顔を合わす人全員に、そう尋ねることは不可能です。それなら、こちらから声を掛けられないときでも『あの人には言いやすい』と思ってもらえたら、もっと組合員さんや職員同士の距離が縮まるのではないかと思いました。声を掛けられやすいというのは、結局、自分の心の持ちようが外に漏れ出ているのでしょう。まず、自分が楽しく過ごし、その気分が周りの人に伝わるような人になれたらと願い、今年の新たな決意にしたいと思います」（本郷店農産部門・Yさん）

二つの改革とも、簡単ではありませんが、さらに役立つコープみやざきを創っていく、やりがいのあるチャレンジです。感想文の中にもあるように、みんなで協力して、楽しく、一生懸命チャレンジしていきたいと思います。私も一緒にがんばります。

＊「リッスン・ドゥ・シー」については162ページを参照ください。

よろずサービス

（まがた　かずお
16年3月「みらい」）

「先日、農産部門に久保槙也さんが入協されました。年末年始にフロアで、よろず支援※していただいていた方です。採用試験の際、どうして生協で働こうと思ったのですか？　と尋ねると『少しの間、よろずに来ていたけど、職員が笑顔で優しい。その雰囲気がよくて、安心して働けると感じたから』と話してくれました。久保さんは、福岡の大手企業で働いておられた方です。その職場では、トップダウンの発言や、要望を聞き入れない職場風土、叱る・怒るなどの雰囲気があったそうです。今回、花ヶ島店で仕事をしてみて、前の会社とは違う感想を話してもらえて、とてもうれしく思いました。人の採用を確保するために、まずはそこで働いている私たちが、久保さんのような感想を話してもらえる職場風土にしていかなければなりません」（花ヶ島店・迫田和子店長「店長ニュース」の店長雑感から）。

久保さんに聴いてみると、九州全域をエリアとする従業員数千人の会社だったとのこと。専門学校を出て入社したが、新人の自分に対して自分から聞かないと何も教えてもらえなかった。会社全体は分からないが自分が配属された職場は、失敗すると上司から厳しく怒られるし、とてもギスギスした雰囲気だった。最初は、そういうものかと思って頑張っていたが、家庭の事情もあり辞めて宮崎にもどった。生協の店で、業務よろずとしてしばらく働く中で、前の会社とは全然違うと感じた。みんな親切で自分のことを気にかけてくれた。年明けに、農産部門で定時職員の募集があったので、ちゃんと働こうと思って試験を受けた。仕事は大変だけど今は楽しく働いている、ということでした。

「業務よろず」は、催事や年末など一時的に仕事が増えるときや、職員が一時的に休職するときなどに、組合員さんに仕事の協力してもらうしくみです。あらかじめ登録しておいてもらい、生協からの要請に応えて必要な時だけ働いてもらうしくみですから、事業を運営する側からみるととても合理的なしくみです。一方で、組合員さんにとっても、募集条件と自分の都合とが合ったときに臨時的に働くことができ若干の報酬も得られるわけですから、喜ばれているしくみになっています。調べてみると、昨年１年間で「業務よろず」として協力していただいた組合員さんは３２９人おられ、月平均３４７６時間の仕事、４時間５日勤務の職員で換算すると約40人分の仕事を担ってもらったことになります。生協を利用し気づいたことを発信して事業に生かしてもらう関わりだけでなく、実際に自分も事業運営の中に身を置いて働いてみる関わりですから、業務よろずで働くことは、労働による組合員参加であるともいえます。働いてもらうことで、生協の事業運営のしくみや考え方を、より深く理解し共感してもらうことになり、生協に就職しようというきっかけにもなっています。組合員さん同士の助け合いとしてスタートした※「よろずサービス」ですが、そのワクを越えて事業を支える広がりにもなっています。まだまだ大きな可能性がありそうです。

自分で判断し行動すること

（まがた　かずお
16年5月「みらい」）

先日、息子の学費を振り込むため、指定された銀行の宮崎支店に行きました。振り込みを終え、駐車場から出るとき、誘導係のミスで車のアンテナが折れてしまい交換することになりました。アンテナ代は請求してもらえれば支払うとのことだったので、交換を済ませ１２００円の領収証を持って行こうとしました。ところが、領収書を持ってきてもらっても、社内決裁の手続きに時間がかかるのでその場では払えない、後日希望の銀行口座への振り込みになると言われました。担当されたのが渉外担当の課長さんで、その場で状況も確認されていたので、大手銀行の課長さんに１２００円の決裁権もないことにとても驚きました。間違いが許されず厳密な処理が求められる銀行ですから仕方ないとも思いましたが、これぐらいのことに時間をかけて誰が決裁をするのだろうと疑問に思いました。

そんなことがあった翌週の、池田直仁店長の本郷店週報に、次のような対応が紹介されていました。「千葉から来られたサーファーの方が来店されました。天生《てんな》り日向夏をカゴに入れていて、川越裕子マネージャーに試食ができるか聴いてこられました。川越マネージャーはすかさず『できますよ』と応えてくれました。安心されたのか、今度は箱に入った種無し日向夏を見て、どっちが美味しいか聴いてこられましたので『私は天生《てんな》りの方が美味しいと思います』と応えて、すぐに試食を準備してくれました。『まわりの白皮が美味しいんですね』と言われたので、箱詰めもできることをお伝えし喜ばれたそうです。すっかり打ち解けたご様子で『まさか、マンゴーの試食をしたいという人はいないですよねー』と言われましたので『いいですよー』とお応えしたところビックリされたようです。早速、完熟マンゴーも試食していただいたところ『これは太陽のタマゴの落ちこぼれですか?』と聴かれて、『いえいえ、糖度や大きさの基準があるんですよ』とお伝えすると『太陽のタマゴはよっぽど美味しいんでしょうね』と納得され、完熟マンゴーだけでなく、一箱だけ入荷していた太陽のタマゴなどお土産にたくさんの果物を購入されたそうです。お土産だからこそしっかりしたものを選びたい、その期待に応えてくださった結果、安心して購入されたのでした。マンゴーの試食はちょっとドキドキしたそうですが、しっかり笑顔でおもてなしができたのだと思います。ありがとうございました。たぶん、マンゴーの試食は、いいお土産話になったと思いますよ」

「相手の立場に立って考える」「組合員さんや仲間のことを思い、よかれと思ったことはまずはやってみる」方針書にはそう書いてありますが「マンゴーの試食を」と言われると、私もドキドキすると思います。それを、すかさず「いいですよ」と対応していただいた川越さんの対応は見事です。働く人のその瞬間の判断、その瞬間の行動に、その組織の本質が現れます。一人ひとりが、自分で判断し行動することは、少し勇気はいりますが、仕事をより楽しくし自分を磨くことになり、生協への信頼を創ることになります。

組合員さんとその家族、職員とその家族

（まがた　かずお
16年6月「みらい」）

「居間のテーブルに置いていた議案書を何気なく手に取り読んでいた主人が、『できている人に学ぶ』箇所に目が留まり、いたく感動し『これが職場でできたらいいのに…。できないんだなあ』とぼやきました。漫然と仕事をする人もいる中で、いつも早めの取り組みで熱く働いている主人のことばから、私も今年は『できている人に学び』、より速く集品業務※を行えるよう、いろんな身近な人のいいところを意識しながら頑張っていこうと思っています（昨年の、商品センター・竹﨑仁実さんの「総代会議案書を読んで仕事に生かす報告書」から）

昨年この報告書を読んで、コープみやざきの議案書は、組合員さんや職員だけでなく、家族の方にも読んでもらうと生協への理解が広がるかもしれないと気づきました。そして、議案書に載っているさまざまな実践や基本方針について家族から共感してもらうことは、職員にとっては仕事の励みになるだろうなと思いました。そこで今年、議案書の表紙に「ご家族の方もぜひご覧ください」を入れ、報告書には「ご家族が読まれての感想があれば教えてください」を入れました。

今回、24人の職員の報告書に、家族の方の感想が書かれていました。

「主人も娘も生協はすごいねと感心していました。お店に行っても明るいし、きれいだし、笑顔がい

いし、行く楽しみがあるよねと、食卓をはさんで話してくれました。『そんな所で働けて、お母さんよかったね』と娘が言ってくれたことがすごくうれしく思えました」（佐土原店・西淑子さん）

「主人が初めてこの冊子を読んでいました。『すごいな。普通は自社の利益だけに重点をおいて考えるけど、生協さんは組合員さんに重点を置いて、ここまで職員全体でやり抜くのは驚いたなぁ』と感心していました。それを聞いて、自分は一職員として努力していかないといけないなと感じました」（花ヶ島店・池野美津子さん）

「テーブルの上に置いていたら主人が読んでいたらしく、『こんなに頑張っているところはなかなかないぞ』と感心していました。私も誇りをもってこれからも仕事しようと決意しました」（商品センター・田代由美さん）

「母が読みました。父が漁師で母は毎日手伝いをしていたので、外で働いた経験はほとんどありません。『お母さんには難しくてよくわからないけど、お客さんのことだけじゃなく、働く人のことをきちんと考えてくれているね。いいところで働かせてもらって感謝しなさい』と言っていました」（財光寺店・細川美和さん）

基本方針書に「生協は、組合員さん一人ひとりが、自らの必要のために、職員と一緒につくり、育てた組織です」とあります。組合員さんと職員との協同の組織ですから、より組合員さんのくらしに役立ちたいという思いは共通です。この思いに、家族の方も共感してもらえると、仕事の励みになり意欲がわきます。組合員さんとその家族、職員とその家族に、共感の輪が広がると、さらにおもしろい組織になりそうです。

組合員さんと協同してより役立つ生協を創っていくこと

（まがた　かずお　16年7月「みらい」）

花ヶ島店・石井千穂さんの「議案書を読んで仕事に生かす報告書」から。

「議案書を読んで、目に留まったことばがありました。『2023年私たちがなっていてほしいと思う生協をめざして』の中の、『協同する』ということばです。辞書で調べてみると、『力を合わせて助け合って、一緒にものごとをすること』『協力し、お互いに助け合うこと』とあります。組合員さんの声を生かし、生活に寄り添うことで、さらに役立つ生協にしていくことをめざし、『協同』の輪を広げていくことは、これからの社会において特に重視すべきことであり、生協らしく、また生協にしかできない誇れることだと思い、私もめざしていきたいと感じました」

今年の総代会で「コープみやざき設立50年にこういう生協でありたい」が承認されました。組合員さんを主語にしたこの文章は、7年後のコープみやざきの「ありたい姿」のイメージを、組合員さんの立場で描いたものです。設立趣意書や「宮崎県民生協のめざすもの~西暦2000年に向かって」に続く、組合員さんを主語にした文章になります。

コープみやざきは、数値目標などを入れた長期計画や中期計画はつくっていません。計画をつくっても1年で計画と狂いが生じ、つくったばかりにその修正や言い訳に力が削がれるからです。毎年、台風の予報円のように、その年到達した地点に立って、翌年以降5ヵ年を想定するようにしています。基本方針書の、コープみやざきの進路設計「5ヵ年スケッチ」がそれです。その上で、年度ごとに事業計画と予算を決め事業をすすめています。ですから、今回決まった「コープみやざき設立50年にこういう生協でありたい」は、これから毎年つくる「5ヵ年スケッチ」の土台になっていきます。

生協の正式名称には「協同」ということばが含まれていますが、ふだんの仕事や活動のなかで、「協同する」ということばを使うことはあまりありません。私は、組合員さんと職員とが協同して創っている生協だからこそ、日々の自分の仕事の中で、協同を感じながら仕事ができるようにしたいと思っています。「協同する」は、人と人との関係の中にしかありません。職員同士が、組合員さんのくらしに役立つという同じ目的に向かって力を合わせる協同はもちろんですが、組合員さんと職員との間でも協同が実感できるといいなと思います。組合員さんの名前やお気に入りを覚え、より近い関係になることで、より多くの思いを聴くことができます。その思いに応えていくことが、組合員さんと協同してより役立つ生協を創っていくことになります。今作っているこの商品、届けているこの商品は、あの組合員さんに喜ばれるはずと思いながら仕事をする、私がいつも利用するこの商品は、あの職員さんが私のために作ってくれている、届けてくれていると思いながら買う、そういう関係が、できていくといいですね。そして、その思いがお互いに分かり合え、共感し合えると、日々の仕事がさらに楽しくなるはずです。日々の仕事の中で「協同する」を創っていくことができます。

私たちがつくっている国のあり方

（まがた　かずお
16年8月「みらい」）

「『愛』という情念的なことばが、憲法にあるのは、日本国憲法だけである」。十数年前、何かの新聞で読んだ、言語学者が書かれていた記事の一節です。「論理的な構成が求められる最高法規に、このような人間的なことばが違和感なく入っていることには、意味がある」とも書かれていました。確かに、憲法前文には、「日本国民は、恒久の平和を念願し、人間相互の関係を支配する崇高な理想を深く自覚するのであって、平和を愛する諸国民との公正と信義に信頼して、われらの安全と生存を保持しようと決意した」と、「愛」ということばがあります。

それから、その記事にはもう一つ印象に残っていることが書かれていました。「人間のことを表すのに、人《ひと》という場合と、者《もの》という場合がある。憲法では、主権者である国民のことを表現するのに、『すべて国民は…』とか『何人も…』という表現になっている。そして、者《もの》という表現は、国会議員（102条）と、裁判官やその他の公務員（103条）についてだけである。そこにも意味がある」という内容でした。

あらためて、憲法を見てみると、例えば第102条には、「参議院議員のうち、その半数の者の任期は…」のように書かれています。辞書には、者《もの》について、「目下の存在に対して言うことが往々にしてある」（新明解国語辞典）とありました。憲法は、表現上も、国会議員や裁判官や公務員より、国民一人ひとりを重視してつくられていた、ということになります。

ちょうど、その記事を読んだところ、生協のことを定めている消費生活協同組合法（生協法）という法律が改定され、それに伴い、全国の生協に定款《ていかん》の改定が求められていました。定款というのは、その生協の最も基本的な決まり事を定めた文章で、いわばその生協の憲法です（総代会議案書の後ろに、資料として毎年載せています）。そして、改定する場合、「これに沿ってつくりなさい」というモデルとして、「模範定款例」が示されました。そのとき気づいたのは、生協法も、模範定款例も、人のことを表す表現は、者《もの》となっているということでした。例えば、「組合員の資格」を定めた第6条では、「この組合の区域内に住所を有する者は、この組合の組合員となることができる」となっています。そのため、このモデルに沿って改定されたほとんどの生協の定款では、者《もの》という表現になっています。このとき、コープみやざきは、組合員さんが主権者であり、生協のオーナーであるので、者《もの》ではなく、人《ひと》と表現することにしました。第6条は、「この組合の区域内に住所を有する人は、…」となっています。わずかな違いとも言えますが、この表現には、コープみやざきの考え方が貫かれているのです。

参議院選挙が終わり、改憲勢力が3分の2になり、憲法を変えようという動きも出てきています。その動きは、コープみやざきのように、一人ひとりを主権者・オーナーとして捉え直そうという考え方ではなく、国民を者《もの》として扱おうという考え方ではないかと思います。私たちがつくっている国のあり方をどう考えるか、私たち一人ひとりに問われることになります。

ハウス食品のラーメン「うまかっちゃん」

（まがた　かずお　16年9月「みらい」）

コープみやざきの声で、ハウス食品のラーメン「うまかっちゃん」が改善されることになりました。今月号のこの「みらい」の、「理事会からの感謝状」でも紹介しています。「うまかっちゃん」は、昨年1年間の14店舗合計で、1個売りが1万1100個、5個入りが1万1900袋も利用されている支持の高い商品です。

コトの始まりは、5月の柳丸店・レジカウンター部門の部門ミーティング。会議の中で、いつものように「何か困っていることはないですか?」の問いかけが、清佐《せい》知代マネージャーからありました。その中で「そういえば、『うまかっちゃん』が、レジを通らないことが時々ある。バーコードが、袋の折りの部分に微妙に隠れるので、少しバーコードをずらしてもらえるといい」という声が出され、清マネージャーが「気づいたことカード」で発信されました。

それを受けて、商品本部の仕入開発部　喜田勝義さんが、ハウス食品さんにその声を届けました。ハウス食品さんでは、月1回お客様の声から製品・サービス改善提案がされていて、コープみやざきの声が「お客様担当」から「品質保証部」に届けられました。ちょうどそのころ、ハウス食品さんでは包材のリニューアルが8月に予定されていて、すでに新しい包材の版ができていました。そのため、今回の要望は8月リニューアルには間に合わない状況のようでした。ところが、その後の経営会議で、営業本部長から「早急な改善の指示」が出され、バーコード位置と大きさの改善を盛り込んだ新たな版に作り変えることが決定されました。まさに、みやざきの声で改善されることになったのです。

　この話を聴いてすぐ、私も「うまかっちゃん」を買ってみました。レジでどうなるかなと見ていると、引っかかることなくスムーズにスキャンされました。あれっ、と思い、いろいろ聴いてみると、レジで引っかかるのは時々で、そのたびにレジ職員が、包材の折りの部分を広げて読ませているとのことでした。毎回ではなく時々の発生だったので、これまで改善要望として発信されることもなかったのだと思います。

「うまかっちゃん」は、西日本を中心に1個売りだけでも年間720万個売れているとのことで、これまで多くのスーパーやドラッグストアなどで、スムーズにレジを通らず困ったということもあったはずです。今回改善されることで、多くの店で※チェッカーさんが気持ちよく仕事ができるようになります。コープみやざきの発信は、多くの人を幸せにする発信だったと言えます。清さんは「あんな大きな企業が私たちの声で、こんなに早く改善してくれてビックリです。組合員さんに迷惑をかけなくて済むようになりありがたいです」と話されていました。

　商品が組合員さんの手元に届くまでには、商品を運ぶ・並べる・集品する・レジを通すなどの仕事が必ずあります。商品を使う組合員さんの声だけでなく、そうした流通の仕事の中にも、商品改善のヒントがたくさんあるように思います。仕事の中での「こんなこと気づいたよ！」の発信を待っています。

「何かお困りのことはないですか？」

（まがた　かずお　16年10月「みらい」）

「ご近所は、高齢者が多く、スーパーもありませんので、共同購入や戸別配達※をしている方をよく見かけます。近くの家で、よく口げんかをしているおばあちゃんとおじいちゃんがいて、時々心配になり声をかけたりしています。ただ、水曜日はとても平和です。なぜなら、地責の方が来るからだと私は思っています。話し好きのおばあちゃんなので、上手に話を切り上げるのが大変だとは思いますが、時間の調整をしながら、地責の方は話を聞いておられます。トラックも通行の邪魔にならないところに停めて。担当の地責さんは、湯田孝志さんです。これから、一人暮らしの高齢者が増えたら、なおさら、コープの地責の方が、その方の生活を明るくするのだと感じました。おばあちゃんの日頃のストレスを受け止めて、心を穏やかにしてくださり、本当にありがとうございます」（理事の田中美夏さんの「組合員さんのくらしから観て、感じたこと報告書」から）

このおばあちゃんにとって、地責の存在は、単に商品を届けてくれるだけでなく、日頃のストレスを受け止めて共感してくれ、心を穏やかにしてくれる存在なのだろうと思います。

「今日の配達での、本郷南方の組合員さんとの会話です。本郷店に行かれたとき、『何かお困りのことはないですか？』と聴かれたそうです。組合員さんはビックリされて思わず、『主人が言うことを聞かないので困っています！』と言うと、職員は笑顔で『それは困りましたね』と心配されたようでした。

戸別配達の組合員さんと一緒にカタログを見るなど、相手に寄り添った対応が喜ばれています

『すごい返事をしてくれたのよねぇ』とその場で笑いが起きました。『でも、職員もすごいねぇ。何かお困りのことはないですかと聴くところが。私が少し商品を探していた顔をしていたかもね。お店の人に〝声を掛けてくれてありがとう〟と伝えてくださいね』と言われました。『何かお困りごとはないですか？』と言われると、組合員さんも安心して利用できるのだと思いました」（宮崎南支所・平井忍さんの「こんなこと聴けたよ！気づいたよ！報告書」から）。ちなみに、「それは困りましたね」と対応されたのは、農産部門の谷津知子さんでした。

「何かお困りのことはないですか？」の声掛けは、お店でも共同購入でも生活事業でも行われていて、組合員さんからは「そう言えば…」「実は…」と、新たな質問や要望が聴けるきっかけになっていて喜ばれています。今年の方針にも「相手の想いを引き出す魔法の言葉」と書かれています。ただ、いくら「魔法の言葉」とはいえ、「主人が言うことを聞かない」という困りごとが返ってくるとは思ってもみなかったと思います。「それは困りましたね」と当意即妙の言葉で対応できる関係がいいなと思います。

くらしの中では、誰かにちょっと聞いてもらうだけ、共感してもらえるだけで心が軽くなることがたくさんあります。夫婦ほど近過ぎず、見ず知らずの他人のように遠過ぎない関係だからこそ言いやすい場合もあります。組合員さんと職員の関係が、そんないい関係になってきているのだと思います。お互いの間の、とても温かなまなざしを感じます。

受取場では地域責任者から「お困りごとはなかったですか？」とお声かけしています

相手の気持ちになって考える、人の喜ぶことをする

（まがた　かずお
16年11月「みらい」）

「相手の立場に立って考える」「人の喜ぶことをする」ということばが、基本方針書の「基本的考え方を支えるキーワード」にあります。先日の常勤役員会の２０１７年方針づくり合宿で、このキーワードを発展させて変えようとなりました。「相手の気持ちになって考える」「人の喜ぶことをする」にしたらどうかという提案でした。「気持ちになって」に変える提案をしてくれたのは、商品本部長の日高宏さんでした。「立場に立っているうちは自分。寄り添いや心の込め方を考えると、『気持ちになる』がいいと思う」というのが理由でした。そして、「相手の気持ちになって考える」事例として、商品本部の秋の合宿で報告のあった、宇戸啓子さんの実践を紹介してくれました。次のような内容です。

宮崎西支所の金子卓貢さんが、大塚町の組合員さんから「1年前くらいに購入したスリッパで、高さが10センチぐらいの、底の平らなものが欲しい」という要望を聴き、すぐに事務職員の鳥原理恵さんに電話した。鳥原さんが、組合員さんに詳しく聴いてみると、「身長が低く、シンクの高さが高いため、毎日の台所仕事に不自由している。ずっと厚底のスリッパを使っているが、もうボロボロで次のが欲しい」ということだった。相談を受けた共同購入商品の品揃え・使い方交流部の宇戸啓子さんが、過去の利用履歴を調べたところ、商品は特定できたが、今後の企画はないことがわかった。そこで、ネット通

販で検索したところ、同様の商品があることがわかった。ただ、その組合員さんが71歳と少しご高齢であり、ネットでの注文は難しいかもしれないと思い、電話注文もできるサイトを探して、鳥原さんに伝えた。電話で注文できる商品は2種類で、在庫がごくわずかしかない状況だったので、すぐに組合員さんに伝えてもらった。組合員さんからは「すぐに電話で注文します」と言われ、何度もお礼を言われたとのこと。過去の利用履歴とカタログで、組合員さんが利用された商品を特定できることに加えて、組合員さんの思いを丁寧に聴きとってくださる現場の事務職員さんや地域責任者の協力があるので、組合員さんの気持ちに寄り添った対応ができ感謝している。今回は、生協の企画では希望の商品を届けることはできなかったが、組合員さんに喜んでもらえてうれしい。

宇戸さんの実践は、その組合員さんの気持ちになって「このスリッパがないと台所仕事が大変になり本当に困る。以前生協で買ったのだから、生協なら何とかしてくれるはずだ」という思いを真剣に受け止めて、組合員さんが買えるところまできちんと対応していただいた事例でした。

常勤役員会の合宿では「相手の気持ちになる」というのは「相手が一人ひとり違うので、その人の気持ちになるためには、いっそうの努力が必要になる」「今、店で取り組んでいる組合員さんの名前を覚えて近い関係を創る努力は、相手の気持ちになることとつながる」などの意見も出されました。「相手の気持ちになって考える」が進むと、お互いの思いが通い合ういっそう優しい生協になっていく気がしています。

大切な思い出をつくる仕事

（まがた　かずお
16年12月「みらい」）

共同購入のカタログには、組合員さんの声が毎週70件から80件載っています。食品カタログは６２０品目ですから、企画する1割以上の商品に、組合員さんの声が載っていることになります。地責が「こんなこと聴けたよ！気づいたよ！報告書」で発信してくれた声には、地責の写真もついているので、組合員さんにとってとても身近なカタログになっています。そして、その中の数枚は、組合員さんたちの写真や、組合員さんと職員が一緒に写っている写真です。どの写真にも笑顔があり、組合員さんと職員がとても近いということが伝わってきて、見ていて楽しくなります。組合員さんと職員とで一緒に作る楽しいカタログになっています。

日南支所・藤本翔太さんの「こんなこ

組合員さんとのツーショット写真を掲載したカタログ紙面

と聴けたよ！気づいたよ！報告書」から。

「組合員さんが亡くなられました。本日、その娘さんのもとに伺い、保険などの解約手続きや脱退の手続きを行いました。娘さんから、『母のカバンを片付けていたら、以前カタログに載せてもらった写真が出てきた。いつも大事に持ち歩いていたみたい。夏の時期で、ほほも痩せこけていたけど、あれが一番新しい写真だった。ラミネートしてもらっていたその写真も、受付の遺影として使わせてもらったのよ。本当にありがとうね』と、感謝の言葉を伝えられ、涙が出そうでした。

入退院を繰り返され、カタログ掲載の次の週にまた入院されたということもあり、写真が届いてとても喜んでおられたと聴いてはいたのですが、最後まで大事に持ち歩いておられたと聴き、言葉が出てきませんでした。

私たちの行動が、誰かの大切な思い出につながることを感じます。家族より会う回数の多い組合員さんもいます。改めて、組合員さんに寄り添って、役に立てる仕事をしていこうと思います。写真と一緒に載った商品『国産豚小間切』には『もっちりというか、肉々しいのよ。戸村のタレで野菜と炒めても美味しいよ』のコメントがあり、毎週のように頼まれていました。カタログツーショット写真のおかげで、一つ寄り添えました。ありがとうございます」

この組合員さんが、夏に撮ってもらったこの写真を、ずっと大事にされていたというのは、毎週、受取場に集まる仲間や、商品を届けてくれる藤本さんが、とても身近で大切な存在だったからではないでしょうか。組合員さんに寄り添い、少しでも役に立ちたいという藤本さんの思いが届いていたのだろうと思います。

藤本さんに聴くと「一緒に写ったカタログの写真を通して、より深いつながりができるし、その地域の組合員さんだけでなく、その人を知っている離れたところにいる組合員さん同士のつながりもつくっている実感がある」と話してくれます。一人ひとりの組合員さんに寄り添い、思いに応えていく行動や努力は、必ず組合員さんに伝わり深く心に残っていくのだと思います。大切な思い出をつくる仕事になっているのだと感じます。

私にも何かできるかもしれません

（まがた　かずお
17年2月「みらい」）

1月職員総会の感想文から。

「一昨年の大晦日に1度退職し、昨年10月にまた採用していただきました。1年ぶりの職員総会です。再び働かせてもらえて、本当にありがたく思っています。辞めている間に、他の仕事を少しだけ経験しましたが、働きやすくやりがいがあるという点において、生協はすごいところだと身にしみて実感しました。1年間離れているうちに、生協の店はますます進んでいました。組合員さんの声に、とことん向き合って応えていくという事例は、さすがと言う他ないですし『こうしてあげたい』と思ったことを、職員の判断でやってよいという方針をきっちり提示してくださっているので、判断に迷うことなく実行に移すことができます。

ずっと生協の中で働いていると、次々と要望が増え、それに比例して仕事も増え、忙しくなるばっかりだと思いがちでしたが、少しの間離れたことで、自分がどれほどすごい組織の中で働いていたのかということを実感できました。以前は農産に所属していましたが、今回、衣料部門へと働く場が変わり、やることも時間の使い方も大きく変わって、まだ右往左往していますが、早く慣れてお役に立てるよう頑張りたいです」（花ヶ島店衣料部門・和田真知子さん）

1年間離れて実感された「すごい組織」という意味について、和田さんに聴いてみました。「営業の仕事だったが、販売ルートができているので、今までの流れのとおりやればいい仕事だった。生協の仕事に戻って、お店に掲示してある組合員さんの写真付きのポップなどが、とても増えた感じがした。みんな、組合員さんと近い関係になって、お気に入りなどがたくさん聴けているのが分かった。組合員さんに喜ばれると思ったことを、自分の判断でどんどんやれるということがすごいことだと分かった。自分で判断する仕事は楽ではないが、とてもやりがいを感じる。衣料部門になって、レジにも立つようになって会話も増えたので、さらに喜ばれるように対応していきたい」

「この1年で自分は何ができただろうか…。職員総会での基本方針や地域責任者のみなさんの事例発表を聴いて、改めて思い考えます。『まずはやってみる』『相手の気持ちになって考える』は、日常生活でも大切なことですが、この気持ちを仕事にも活かし行動できているか…と考えます。私は商品センターにいるので、直接組合員さんや地責の方に会うことはありません。集品や詰め合わせをしながら『この商品はどんな人に届くのかな…、子どもさんはいるのかな…』と思うとき、母の顔が浮かびます。〝何のため〟〝誰のため〟は、このことなんだと思います。基本方針が少しでも頭にあれば、私にも何かできるかもしれません。周りの人に感謝の気持ちを持ち、自分の今できることを考え、周りも家族も自分もハッピーになるよう頑張りたいと思います」（商品センター冷蔵ライン・河野久美子さん）

「まずはやってみる」「相手の気持ちになって考える」「人の喜ぶことをする」は、周りの仲間も家族も、そして自分もハッピーにすることができます。高い志でチャレンジしていきたいですね。

組合員さんに聴いた声を「まずはやってみる」こと

（まがた　かずお　17年3月「みらい」）

生協のお店の「たこ焼き」は、具も大きく美味しいので、私もときどき利用しています。先月、商品本部から回ってきた黒木一弘さん作成のＰＯＰを参考に、新しい食べ方をやってみました。ＰＯＰにあったのは「卵スープ、冷凍たこ焼きで、ふわっとたこ焼きスープ」。作り方は、たこ焼きをチンして、その間にお湯を沸かし卵スープをとかして、熱々のたこ焼きを入れるだけです。黒木さんのＰＯＰには、都城支所・榎木浩二さんが組合員さんに教えてもらった「生協のたこ焼きは美味しいね。卵スープに入れると最高。スープは何でもいいけど、ふわっとするからやっぱり卵スープやね」という声の紹介と作り方の説明に加えて、いかにも美味しそうに食べている黒木さんの写真も載っていました。組合員さんの使い方の工夫の声だけでなく、それを実際に食べている黒木さんの写真もあって、とてもいいなと思いました。お店のたこ焼きで作ってみると、さらに美味しくできました。

花ヶ島店畜産部門・徳地良子さんが作られたＰＯＰには「『鶏ムネ肉を卵白に漬け込むと柔らかくなるよ！』と組合員さんに教えていただきました。実際にやってみると、本当に柔らかでびっくりしました」と書かれていました。このＰＯＰにも、組合員さんの使い方の工夫の紹介だけでなく、実際に試された徳地さん自身の感想も一緒に書かれていたので、私も今度やってみようと思いました。

宮崎北支所・江夏孝梓さんの「こんなこと聴けたよ！気づいたよ！報告書」には、「北海道日高モッツァレラチーズ」の使い方が書かれていました。組合員さんに聞かれてお伝えした、使い方の工夫です。「僕が組合員さんから教えてもらって、家でやっているのは、瓶に2センチ位の角切りにして入れて、オリーブオイル・にんにく・ちょっとの塩・鷹の爪を入れる使い方です。冷蔵庫で3日位保存するとめちゃくちゃ美味しいですよ。フランスパンやサラダにのせて食べたり、残ったオリーブオイルはパスタソースやドレッシングに使えるんですよ」。

組合員さんと近い関係になり、くらしの知恵・商品の使い方の工夫がたくさん寄せられるようになり、その声がカタログやPOPでも紹介され、他の組合員さんにも喜ばれています。組合員さんが、くらしの知恵・商品の使い方の工夫を発信されるとき、誰かの役に立つといいなという思いを持たれているはずです。そして、読まれる組合員さんにどう受け止められるかも気になっていると思います。その声を紹介するとき、実際にやってみた私たち職員の感想も一緒にあると、声を役立てようとしている職員の思いも一緒に伝わります。また、職員の感想があることで、確かめられた情報になるので、読まれた組合員さんも、自分もやってみようという気持ちになると思います。組合員さん同士のくらしの知恵・商品の使い方の情報交流に、実際に試してみた職員の声が加わることで、より説得力のある情報になり、より多くの組合員さんに喜ばれることになります。組合員さんに聴いた声を「まずはやってみる」ことは、自分のくらしを豊かにすることにもなりますね。

組合員さんに支えられているお店、組合員さんと一緒に創るお店

（まがた　かずお　17年4月「みらい」）

高鍋店リニューアルオープンでの、小川雅宏店長のあいさつから。高鍋西中学校吹奏楽部の素敵な演奏への感謝のことば、朝早くからのご来店に対しての感謝のことば、「お困りごとがあったら近くの職員にお声がけを」のお願いのことばのあと「ただいまからテープカットを行い、くす玉が割られました。皆様を店内へご案内させていただきます。今日、テープカットとくす玉割りにご協力いただきます組合員さんをご紹介します。テープカットしていただくのは、まず、田口和子様です。田口様は、高鍋店がオープンする以前から共同購入でコープみやざきを利用していただいており、生協歴は30年近くになります。『家でできたからよかったら食べて』とか『近所からもらったから』と、よく野菜などを持って来てくださる心優しい組合員さんです。次は、黒木祐二様です。黒木様は、居酒屋『晩屋いも蔵』を経営されており、食材にもこだわっておられる方です。毎日ご来店され、お店の食材をご購入いただいています。実は先日、高鍋店職員で利用させていただきましたが、落ち着いた雰囲気で、評判どおりとても美味しくいただきました。続いて、山内ヨシ子様です。木城町にお住まいで、遠いところを毎日のように足を運んでくださいます。1日2回ご来店の日もあり『生協大好き』とのことです。生協から荷物を送られることも多く、サービスカウンターの職員とも仲良しです。そして、くす玉を割ってい

高鍋店リニューアルオープンのベーカリーのようす

ただくのは、松尾昌子様と3人の娘さんです。松尾様も、毎日足を運んでいただいており、娘さんもよく一緒に来店されます。昨年のこどもの日には、三女のはるなさんが『こども店長』にチャレンジしてくれました。松尾様は、「カフェ&バー・カルム」を経営されています。昼はランチもされているそうなので、今度、押川品揃えマネージャーと食べに行く予定にしています」と続きました。

　組合員さんと職員との、近い関係・親しい関係が伝わってくるあいさつで、開店を待っておられる組合員さんのまなざしも温かく、その場の雰囲気がとても心地よく感じました。テープカットやくす玉割りを、その地域で長く加入されている組合員さんや、その店の利用頻度の高い組合員さんにお願いするようになったのは、5年前の都北店のリニューアルオープンのときからです。それまでは、常勤役員や店長などがしていましたが、その地域の組合員さんのお店なのだから、その店を長く支え続けておられる組合員さん、開店を一番待ち望んでおられる組合員さんにやってもらうと喜ばれるのではないかとなりました。小川店長に聴くと「『多くの組合員さんの前で緊張したけど、晴れの舞台に立ててとてもいい思い出になった』と言われてうれしかった」、「組合員さんに支えられているお店、組合員さんと一緒に創るお店ということを実感した」とのことでした。

組合員さんと、より近い関係・親しい関係ができていくと、さらに多くの思いを聴けるようになります。その思いに応えていくことが、組合員さんと協同して、より役立ち喜ばれる生協を創っていくことになります。

職員と一緒に撮影してくださった写真は「私たちの大切な組合員さん」として店内に展示しました（高鍋店）

ストロングアイテム

（まがた　かずお　17年5月「みらい」）

冬場の商品で、コープ粉末スティックの「しょうが湯」「抹茶くず湯」「レモネード」という商品があります。私は「しょうが湯」が気に入りで、熱湯で溶かすだけで飲めるのでよく利用しています。「しょうが湯」だけだと甘すぎるので、保温水筒に乾燥しょうがをひとつまみ加えています。しょうがの香りも利いて、体がとても温まります。乾燥しょうがは、秋に新しょうがをスライスし、カラカラになるまで天日干しして、ひと冬分をつくっています。

コープの粉末スティックはどれも10本入りの商品です。※ナショナルブランドのものには、3本入りや5本入りというのもあります。一昨年、組合員さんから「10本入りだと、初めて利用するには買いにくい」「1本ずつ買えると、お店のくつろぎコーナーでも飲める」という声があり、お店ではバラして1本ずつでも買えるようにしました。原材料名は、外袋にしか書かれていないので、1本ずつ供給するには、原材料名とバーコードを入れた小さなシールをつくって貼る手間もかかります。また、バラだと光が当たり賞味期限が短くなるため、冬場だけの品揃えにしています。

1本バラはそんなに売れていないだろうと思って、1年間の利用データを見てみたところ、予想以上に利用がありました。数本買われる組合員さんもおられますから、単純な比較はできませんが、たくさんの組合員さんに利用されていることがわかります。

	10本袋入り	1本バラ
しょうが湯	6,840個	1,449個
抹茶くず湯	3,205個	1,100個
レモネード	3,132個	1,235個

先日のコープ九州理事会で、日本生協連のストロングアイテムのことが出ていました。「より多くの組合員に支持されるコープ商品をストロングアイテムと呼んで、全国の生協が結集し、商品力をさらに強化する」と書かれていました。具体的には、「卵スープ」や「イタリアスパゲティ」などが想定されているようです。

「卵スープ」は、コープみやざきでも確かに利用度の高い商品で、店舗では1年間に6万9000個以上利用されていて、スープ類の中では1位です。2番目の「ふかひれスープ」の1．5倍以上売れています。ただ、「卵スープ」は、5個入りと10個入りしかありません。「しょうが湯」の例も紹介しながら、「より多くの組合員さんに利用されることをめざすなら、1個でも供給できるように商品改善の要請をしてほしい」と発言しました。コープ九州の担当者も、発言の趣旨は分かるので努力するとの回答でした。コンビニをみると、バーコードのついた1個売りの商品もあったので、できないことはないはずです。より多くの組合員さんが買いやすいように、商品を改善し続けることや、使い方のくふうや知恵の交流を進めることが、組合員さんにとっての本当のストロングになると思います。

「苦情は宝だ！」

（まがた　かずお　17年7月「みらい」）


先月行われた総代会の感想文から。

「初めて参加しました。生協さんが、こんなにも私たちのため、お客様のためを思っていることに驚き、感動しました。よかったよの意見を受け止めるのはもちろんのことと思いますが、もっとこうしての要望にも、きちんと耳を傾けて聞いてくれ、改善してくれる姿勢に感動しました。今日は、そのことを知るよい機会でした。ありがとうございました」

「『苦情は宝だ！』という発表は、生協ならではの発言ですね。他のスーパーや店舗では言いにくいクレームも、生協には言いやすい。これは、『改善してもらえる』『声を聴いてくれる』という確信があるからです。今日の日のため、たくさんの資料を作られ、ブロック総会の声を聴き、たいへんな事務量をこなされ、本当に生協さんには頭が下がります。これからも、よりよい商品の提供・開発と、親切な対応をよろしくお願いします」

「去年に続き、2回目の参加です。各ブロックからの発表、とても面白いです。私は特に、小林からの方言での発表が好きです。自分たちのくらしをよりよくしよう、コープをより身近に、より利用しやすくしようと、たくさんの方が真剣に考えて、分かりやすく伝えていく総代会。若い世代の私たちでも声をあげていいんだ、参加していいんだと思えること、ありがたいなあと感じています」

総代会での議案採決のようす

「ブロック総会・総代会と参加して、いろいろ教えていただくことがあり、びっくりしました。先日のブロック総会でいろいろ質問した内容の回答が、詳しく返送されたことにも驚きました。本当に組合員の声を一人ひとりきちんと聴いてくださることに感謝します」

「コープみやざきが、今年も堅実な経営で、着実に利益を上げていることがうれしいです。タカタも東芝も、社員の志は高くても、経営陣の判断ミスで大変なことになっています。コープみやざきの経営判断、これまで通りにきっちりよろしくお願いします」

職員のみなさんが一丸となって「私たちの供給する商品を中心に家族の団らんがはずむこと」をめざして努力していることが、組合員さんに伝わり、共感され感謝されています。また、素晴らしい業績や利用割り戻しの内容も喜ばれています。改めて、方針に沿った、日々の努力に感謝します。ありがとうございます。

共感が広がり、感想にあるように「声をあげていい」「参加していい」の思いが広がると、さらに多くの声を聴けるようになります。その声を事業に生かし返していくことで、さらにくらしに役立ち喜ばれる生協にしていくことができます。みんなでチャレンジしていきたいですね。

総代会での様子はＤＶＤに録画し、今年も各事業所にお届けしています。生協への感謝や期待、熱い思いがあふれる楽しい発表がたくさんあります。ぜひ、観てもらい仕事の励みにしてほしいと思います。組合員さんからの感謝や期待の声は、よりよい仕事のエネルギーになります。

職員一人ひとりの優しさ

（まがた　かずお　17年8月「みらい」）

延岡支所・西田蓮《れん》さんの「月の振り返り」から。

「『きたうらら海市場』駐車場で休憩中、男性に『すみません。車が動かなくなってしまって…』と話しかけられました。バッテリーが上がってしまったようで、助けを求められました。少し離れたところから歩いて来られていて、近くに人はたくさんいたけれど頼みづらかったようで、生協のトラックを見つけて安心して話しかけられたそうです。すぐに助手席に乗せ、車のところまで行き、ロープでつないでガソリンスタンドまで引っ張って行きました。いい人に出会えてよかったと喜んでいただけ、後は店員さんに任せて、私は配達があったので行きました。生協に安心感を持ってもらえているんだと私も嬉しくなりました」

西田さんに聴くと、他の車の邪魔にならないように、駐車場の一番端に止めて休憩していた。歩いて来られたのは60歳代後半の男性。近くには観光客の人とか大勢いたのに、わざわざ自分のところまで来られたので、組合員さんかと思った。エンストした車の所までは1キロ近くあった。以前、奥さんが生協を利用されていて、生協に対していいイメージがあった。今は奥さんの体調が悪く利用はしていないとのこと。別れる時に、本当にいい人に出会えたと嬉しそうに言われた。

この男性にとって、生協はどこか頼りになる存在、何か身近な存在として記憶されていたのだろうと思います。西田さんの優しい対応を受けて、やはり頼りになる生協と思われたはずです。

高鍋支所・竹村美智男さんの月の振り返りから。

【新富町の組合員さん。「よろずサービス」の協力員になろうかなと相談を受けた人で、私の後押しで協力員になられました。業務よろずとして、高鍋店・惣菜部門に行かれるようになり、一歩踏み出すことができたと喜ばれていました。**地責**「お店の仕事はいかがですか？　あまり無理はしないでくださいね」**組合員さん**「はい、みなさんいい人ばかりで、覚えることはたくさんあるけど楽しいよ。店長やマネージャーも、気を遣って声をかけてくれますよ」**地責**「それはよかったですね。週にどれくらい行かれるんですか？」**組合員さん**「主人の病院通いもあるので、今は週に数日行っているのよ」**地責**「そうですか。ありがとうございます」**組合員さん**「あなたのおかげで、少し人生が変わって楽しいよ」】

竹村さんに聴くと、毎週戸配を利用されている組合員さんで、1年ほどご主人の介護をされている。「にじのわ」で、「よろずサービス」のことを読まれ、関心を持たれて相談を受けた。犬の散歩や家事手伝いなど、できることがあれば協力したいとのことだったが、高鍋店の惣菜部門で業務よろずとして協力していただくことになった。喜んでもらえて嬉しい。

竹村さんの後押しと高鍋店職員の優しい対応が、この組合員さんの人生を少し変えるようなきっかけになりました。基本方針の中の、「県民一人ひとりの一生のどこかの場面でコープみやざきが役立つことができる」は、職員一人ひとりの優しさが創りだしているのだと思います。

トラック同乗研修報告書から

（まがた　かずお　17年11月「みらい」）

都北店農産部門・山下拓也さんの、都城支所・﨑田大樹さんへのトラック同乗研修報告書から。

「まず感じたのは、組合員さんとの距離が非常に近いということでした。一人ひとりの組合員さんと丁寧に接し、楽しそうに話をされていました。組合員さんはみなさん活き活きとされていて、とても強い信頼関係があるようでした。仕事の上での組合員さんのことを思っての工夫の数々、一人ひとりを思いやる気持ち・行動が、信用を築きあげていくのだと気づきました。店舗では、組合員さんと交流を持てる機会は多くはないのですが、それでも買い場に出て声を掛けていただくことは何度もありました。その時の対応を思い出し、もっと踏み込んだやり取りができたのではないか、もっと組合員さんに寄り添った接し方をするべきだったと反省しました。今後、組合員さんのためにできることを、もっと積極的に実践していこうと思います」

柳丸店惣菜部門・西田小晴さんの、宮崎東支所・池田直隆さんへの同乗研修報告から。

「私は、今回が初めてのトラック同乗研修でした。まず、朝礼の様子に驚きました。みなさんハキハキと元気よくとても気持ちのよい雰囲気で、情報共有が徹底されていました。惣菜部門でも、自分が率先して、元気よく仕事に取り掛かれる雰囲気づくりをしていこうと思いました。また、組合員さん一人ひとりへの丁寧な対応や心遣いが素晴らしいと思いました。商品のことだけでなく、体調や家族のこ

地域責任者は毎週さわやかな笑顔で配達にお伺いします

となど、信頼関係があってこその会話をたくさん耳にしました。私もこういうやり取りができるようになれれば、と改めて思いました。製造や供給などのことに頭が傾きがちですが、これからは、より組合員さんに寄り添った商品案内などをしていけるよう努力します。池田さんと自分とを照らし合わせ、商品のことだけでなく話し合える信頼関係を創っていけるよう努力したいと思います」

店長やマネージャー、支援部職員などお店の職員の、共同購入の地域責任者へのトラック同乗研修報告が次々と届いています。他店や他の部門へ行っての現場研修は、今年もすでに900人を超える職員が取り組まれていいます。総合職・専任職職員の、支所に行っての現場同乗研修の取り組みも進んでいます。報告書を読むと、お店と共同購入という業態の違いを超えて、同じ生協に働く仲間から、真剣に学びとろうとする強い思いが伝わってきます。共同購入の仕事では、商品はカタログで企画され、自分で直接加工したりはできませんが、毎回組合員さんの声を深く聴き、商品本部へ思いを伝えることで、よりくらしに役立つ品揃えに生かすことができます。どれだけ組合員さんの声を聴き、思いを汲み取り伝えられるかが重要になります。一人ひとりの組合員さんに寄り添おうとする地域責任者の努力は、お店の仕事にも生かせる中身です。お店の職員が、そのことに気づき共感できるからこそ、業態を超えて深い学びができたのだと思います。「できている人や部門、事業所に徹底的に学ぶ」の深化です。宝は自分たちの生協の中に、仲間の仕事の中にたくさんあります。

話す時は組合員さんと目線を合わせて、
くらしをお聴きします

受取場ではいつも組合員さんと楽しく
話がはずみます

ことばの整理

（まがた　かずお
17年12月「みらい」）

1月の職員総会で提起する2018年基本方針書で、「基本的考え方を支えるキーワード」を一部修正することにしました。この「キーワード」の中に、「ことばの整理」という項目があり、コープみやざきで使う『生協らしさ』『みやざきコープ商品』『組合員参加』ということばについて、その意味を定義しています。

基本方針書に、なぜ「ことばの整理」があるかというと、組合員さんと話すときや職員同士が会話するとき、使うことばが同じ意味で伝わることが絶対的に大切だからです。日本語と英語なら、明らかにことばが違いますから、聴いたそのことばがどういう意味なのかお互いに理解しようとします。しかし、日本語と日本語の会話だと、相手がどういう意味で使っているかはあまり考えません。同じ日本語ですから、同じ意味だと思いがちですが、それぞれは自分の考える意味で使っているわけです。ですから、同じことばを使って会話しながら、議論がかみあわないということが起こります。例えば、他生協の人と話をするとき、同じ『生協らしさ』ということばでも違うなと感じることがよくあります。私たちは、「よりよいものをめざして、組合員さんと職員とが力を合わせて商品や組織をつくりあげていくこと」という意味で使っています。「商品や組織をつくりあげていく」ですから、変化前進していく動詞のイメージです。でも、「コープ商品がたくさんあるお店」のような固定した名詞のイメージで考えている人もいます。それから、職員同士の場合、一人で完結する仕事はなく、自分の前後に必ず他の人の仕事があります。仕事をスムーズに進めるには、お互いの意思疎通が必要になります。ことばで意思疎通するわけですから、使うことばの意味が同じであることはとても重要です。

今回、「ことばの整理」の中の『みやざきコープ商品』について、一部修正することにしました。今まで、「コープみやざきの責任で供給する（販売する）商品であり、コープみやざきの責任でつくりかえ続けられるもの」としていましたが、「販売する」という文字を削除することにしました。「供給する」と「販売する」は、どちらも商品とお金の交換過程のことですから、同じような意味合いだと考えていました。改めて辞書で調べたところ、全然違うことがわかりました。『供給』は「相手の欲しいというものを望みどおりに与えること」「要求や必要に応じて物をあてがうこと」とあり、『販売』は「商品などを売りさばくこと」とあります。違いは、『供給』というのが「まず相手がいて、その人の要求や必要に対応するということ。つまり、組合員さんが先にあって、その組合員さんの声を深く聴きその思いに応えるということ」に対して、『販売』は「商品が先にあるということ」です。組合員さんを起点に考えるか、商品を起点に考えるかの決定的な違いがあることがわかりました。組合員さんが分かりやすく理解できるように表現したつもりでしたが、より正確な表現にするために、「販売する」を削除することにしました。私たちの仕事の本質である、「供給する」の意味を深く理解する機会にもなりました。

アメリカのお店を超えるお店に

（まがた　かずお
18年3月「みらい」）

「夕方、買い場で『この唐揚げ美味しいの？　にんにくも入っているの？』と聞かれたので『にんにく入っていますよ。試食してみてください』と言って、急いで楊枝を取りに行き試食していただいた。『あら！　おいしいわね。先日、他の店で買ったのが美味しくなかったのよ』と言って、4パック全て買っていただきました。そして、申し訳なさそうに『試食させてもらってよかったの？』と言われので『この店の方針として、味を確かめていただいてから、買うかどうか決めていいようになっているんですよ。どの商品でも同じですので、いつでもおっしゃってくださいね』と伝えました」（浜町店惣菜部門・宮脇サカエさんの「こんなこと聴けたよ！気づいたよ！報告書」）

試食の考え方が「売るために職員が勧める試食」ではなく「買うために組合員さんが決める試食」として定着してきていいなと思います。そして、試食での会話を通して、コープみやざきの運営の考え方を分かってもらえたこともいいなと思います。さらに、何でも気軽に言えるお店、聴いたことに応えるお店になっていくといいですね。

今年も30人の職員に、アメリカ流通視察セミナーに行ってもらいました。今回から、山下英則店舗事業本部長に組み立てをしてもらい、コープみやざきが進める店舗事業により役立つように、いわばPB※商品としてのアメリカ流通視察セミナーになりました。

アメリカのスーパーマーケット
「レイジーエーカーズ」店舗視察

「ホールフーズやナゲット、トレーダージョーズの店長やスタッフのお話をお聴きするなかで、お客様がハッピーであることが一番だと共通して言われていた。コープみやざきの方針と同じだと思い驚いた。アメリカの小売業が日本より進んでいると言われている中で、コンセプトの部分で共通していたので、私たちの方針は間違っていないのだと思った」（花繰店・竹下一隆さん）

「スーパーはエンターテイメント産業である。人と人とのつながりを大切に、コミュニケーションをとる。お客様の声を聴き、現場が一番大切にされている。何よりも自分の店を愛し、自信に満ち溢れ楽しく仕事をされていた」（大塚店・馬場里子さん）

「従業員満足が顧客満足につながるという考え方は、私もそう思っていた。スタッフ一人ひとりを気にかけ、職場の雰囲気を明るく楽しくするのがマネージャーの役割で、それがスタッフ一人ひとりの仕事に対する姿勢をよくすることにつながると思った」（日南店・須志田美佳さん）

多くの参加者が、アメリカの優れたお店が、コープみやざきと同じような考え方をしていると感想を書かれていました。その通りだと思います。しかし、どんなに優れたアメリカのお店も、組合員さんはいません。利用する人が出資し、その組織・お店のオーナーとなり、権利として声を出せるのは生協だけです。その声を生かし、より役立ち喜ばれるお店をめざして、組合員さんと職員とが力を合わせて努力していけば、アメリカのお店を超えるお店にできる気がしています。志を高く持って、楽しくチャレンジしていきたい。

設立45周年

（まがた　かずお
18年4月「みらい」）

コープみやざきは、今年5月29日に設立45周年を迎えます。現役の役職員の中で、最も生協歴の長い宮崎東支所・松田修一さんに設立当時のことを聴きました。松田さんは、１９７６年３月入協ですから、生協が生まれて３年目から42年間ずっと働いてこられています。ただ、それ以前も学生として、宮崎市民生協づくりや仕事の応援をされていました。いわば、設立当時を体験している、コープみやざきの生き字引みたいな人です。

・設立時の事務所は、宮崎市平和が丘の組合員さんのご自宅だった。ご主人の転勤で県外に行かれ空き家になるということで、２年間格安で貸してもらえた。１階を事務所、２階を倉庫兼商品仕分け場として使っていた。その後、大塚町に移転した。

・当時学生だったが、生協の仕事応援の合間に大学にも行っていた感じだった。職員は４人いたが、理事さんや近所の組合員さんたちも、商品の仕分けなどの応援協力をしてもらっていた。商品は、コープの醤油や洗剤・トイレットペーパー・生協牛乳など、60品目余りしかなかった。

・生協の輪を広げるために戸別訪問してまわった。全く知られていなかったので、「うちは新聞はいりません」「うちは宗教には関心ありません」などと断られることも多かった。逆に、加入される組合員さんは、自分のくらしをよくしたいという強い思いを持っている人が多かった。

・理事さんや運営委員さんにも、仲間づくりの目標を持ってもらった。毎月目標達成に向けて、みんなで必死に走り回っていた。共同購入を利用するには「5人以上で班をつくってください」と言っていたが、班という意味がよく伝わらず、ハンコをつくってきた人もいた。

・一日の流れは、前日夕方に集品したドライ食品や雑貨品と、朝届く牛乳などをトラックに積み込み配達する。戻ったら回収した代金の精算や翌週の注文の集計をして、翌日分の商品を集品する。終わるのはいつも夜9時ごろで、事務所に寝泊まりすることもたびたびあった。

・注文書は班で一部を回覧し、班長さんが商品と金額を集計して、合計を切り取って提出してもらっていた。班に届けた商品は、組合員さんがカルタ取りのように分けていた。お金は翌週までに班長さんに集めてもらっていた。

・仕事はハードで生協は知られていなかったけれど、組合員さんを増やして、より安全な商品をつくりお届けしたい、組合員さんと力を合わせて県民のくらしを守る〝とりで〟になりたい、など生協の可能性や将来の夢をよく語り合っていて、毎日充実していた。

どんな組織も、設立期には、熱い思いを持って懸命に努力した人たちがいます。そういう人たちの思いが受け継がれ積み重ねられて、今のコープみやざきができています。楽しそうに話される松田さんの笑顔を見ながら、設立時の人たちの志を2000人の職員で引き継いで、さらに役立ち喜ばれるコープみやざきを創っていきたい、そう強く思います。

亀田高秀理事長が退任

（まがた　かずお　18年6月「みらい」）

今度の総代会で、亀田高秀理事長が退任されることになりました。常勤役員として28年間、そのうち専務理事を12年・理事長を10年務められました。今年、コープみやざき設立45年ですから、45年のうち後半の22年間を、常勤トップとして組織を引っ張ってこられ、コープみやざきの歴史を創ってこられたことになります。

常勤トップの役割はいくつかありますが、最大は「組織の方向性を明示する」ことだと思います。コープみやざきが、何をめざすのか、どういう組織でありたいのかを明示し、組合員さんや役職員の全員がその方向に沿って進むようリーダーシップを発揮することです。

コープみやざきの「めざすことと基本的考え方」には、組織の方向性が明確に示されています。そして、そのなかの「めざすこと」「めざす〝すごい〟組織」「基本スローガン」などほとんどは、亀田理事長がつくられたものです。

『雑感集　第1集』には、そのなかの基本スローガン「〝私たちの供給する商品を中心に家族の団らんがはずむこと〟をめざします」ができた経過が紹介されています。次のような内容です。

「次の日の仕事のため、仕事を終えて『五ヶ瀬ふれあいの里』に向かった。途中で、ビールのつまみにするために惣菜を買った。夜遅く着いて、いざ食べようとしたが全くうまくない。腹が立つが、他に

2018年6月。総代会で退任の挨拶をされる亀田前理事長

食べるものもない。『こんなまずいものを売ってとんでもない店だ』と文句を言うなかで、改めて『買われた商品は食べられる』という当たり前のことに気づく。たった200円程度の商品が人間をこんなにも不愉快にする、せっかくの楽しみを台なしにする。たった一つの商品が、人間を不幸にも幸せにもできる、という商品（事業）の持つ重みを自覚し、商品が使われる場面（くらし）から全ての仕事を進めたいという決意を込めて、このスローガンはつくられた」

自らの具体的な体験から、「商品（事業）の重み」に気づき、そのことを誰もがイメージできることばで文章化して、組織のスローガンができたことが分かります。現在、私たちが進めている商品事業の目的・本質的な意味が、とても分かりやすく示されたスローガンだと思います。ですから、一人ひとりの職員が、自分の仕事で迷ったりしたとき、判断する基準になっているのです。つまり、自分のこの判断が「家族の団らん」に役立つかどうかの基準です。このことは、一人ひとりの職員への

「組織の方向性の明示」になっています。同様に「めざすこと」「めざす〝すごい〟組織」も、具体的で分かりやすい内容で、「組織の方向性の明示」になっています。改めて、亀田理事長はすごい人だと思います。

今後は、引き継ぐ私たち役職員２０００人全員が、基本方針に沿った実践を深め、さらに喜ばれるコープみやざきを創っていくことになります。「めざす〝すごい〟組織」の3番目には、「常によりよいものをめざして、学びあい変化し続ける生きた組織」とあります。全員で、学びあい変化し続けていきたい。

「来る人には楽しみを、帰る人には喜びを」そのためには努力を惜しまないお店でありたい

（かめだ　たかひで　07年9月「みらい」）

花ヶ島店の村上安子さんが、卒業した子どもを東京に送り出した時の思い出を、写真を添えて店舗の入り口に展示した。この自己開示に組合員さんから寄せられた便り。

「お店の入り口に書かれてあった文章を読み、涙・涙でした。数年前、同じ思いを二人の子どもにしたことを思い出し…シクシク。いつでも帰ってきていいよという親の思いは同じですね。卒業式の写真もいいですね。やっぱり花ヶ島店はすばらしいです。久しぶりに来ましたがホッとした気分にさせていただきました。今日一日優しい気持ちでいられそうです。ありがとう。あんまり泣かせんでー」

先日、店舗見学に見えた他生協の方からのメール。

「店内はどこも通路が広く、※クリンリネスが行き届いていました。商品が新鮮に見えました。特に、花ヶ島店は趣向をこらしたボードが店全体の雰囲気をよくしていて、店が一人の人格を持っているように感じました。このように感じた店は初めてです」

東京大学の名誉教授で「場の研究所」理事長をされている清水博先生が宮崎に来られた。その時、お店を見ての感想。

「コープみやざきさんのお店には、『問いかけを共有する場』＝『お店が話しかけてくる場』があったと思います。この点が一番印象に残りました。お店を通して、組合員が互いに話しかけ合う場が生まれる方向でさらに頑張っていただけることを願っています」

店舗事業を振り返って、今まで二つの質的な大きな転換があったと思う。

一つ目は佐土原店から始めた、パート職員を中心とした運営である。簡単に言うと、主婦の生活経験を生かして、品揃えや買い場づくりを行うということ。実際に買う人の立場に立ってお店をつくろうということであった。

二つ目は、セールチラシをやめて、「ハロー！コープ」という店舗の機関紙に変更したこと。チラシで広くお客さんをかき集める発想から、一人ひとりの組合員さん（オーナー）に丁寧に対応し信頼をつくっていくこと。即効を求めず、目の前の組合員さんを大事にし、その組合員さんが周りに宣伝してくれる中で来店が増えるようなお店にしたいと思った。

今、三つ目の大きな転換をしつつあるように思う。それは、花ヶ島店店長の山下英則さんが切り開いた自己開示。そしてそれを進化させる中で到達してきている、職員一人ひとりが自分の能力や持ち味を発揮して楽しく仕事に取り組むということである。楽しく働く職員をみれば組合員さんもここちよさを感じることができる。

8月に山下店長がシンガポールで開かれた、アジア太平洋地域生協経営ワークショップという研修会で、日本の生協からただ一人発表をした。一人ひとりの職員が能力や持ち味を発揮して働く中で順調な業績をあげているという中身であったが、この発表の準備にあたってはレジカウンター部門で働く、英

村上安子さん（花ヶ島店）作成のＰＯＰ

語に堪能な松﨑順子さんに教えてもらったとのこと。

山下さんの店舗週報から。

「技術や才能は持っているばかりでなく、使って初めて自分と周りの人を幸せにしてくれるものではないかと思います。技術や才能はないと思っている人もいるかもしれませんがそんなことはありません。調理見本やＰＯＰだけでなく組合員さん対応や作業スピード、きれいな商品づくり…いろいろあると思います。自分がそれに気づいていないだけだと思います。勇気を出してやってみましょう」

来る人には楽しみを、帰る人には喜びを、そのためには努力を惜しまないお店でありたい。

「正直」に仕事ができることが、幸せです

（かめだ　たかひで　07年10月「みらい」）

台風で2ヵ月延期になった事例発表会が過去最高の374人の参加で開かれた。たくさんの職員の、自分をもっと成長させたい、組合員さんにもっと役立ちたいとの思いにあふれた、緊張感のある素晴らしいものになった。

この発表会の始まりは商品部発表会からであった。トラブルの時ばかりクローズアップされ、非難ばかり受けていた商品部の職員に光を当て、日頃の努力を見てもらいたいとの思いで開催した。本部の職員や非常勤の理事さんに集まってもらい、トラック協会の会議室を借りて開催した。15年ほど前で参加者は30人程度だったと記憶している。今のように各部署からの発表の形式にしたのは96年からでレマンホテルで行われ、参加者は103人だった。

この発表会を続けるうちに「素直に、できている人から学ぶ」が組織風土になり、経営状況もよくなっていった。毎年の発表会が、組織的に学び合う大きな節目として貴重な役割を果たしてきた。

「素直に学ぶ」というのは簡単なようで、けっこう難しい。子どもには「素直にならないと人間は成長しない」「素直でないとみんなにかわいがられない」と言っている。しかし、私も含めて、このことがなかなかできない。素直に、できている人から学ぶ人には、周りから的確なアドバイスも集まるので、さらによくなるという循環ができる。

何年か前の発表会で事務局が考えたキャッチフレーズは「タネもシカケもあります」であった。きわめて分かりやすい言葉である。自然に降って湧いたように、業績がよくなったり、組合員さんからの評価が高くなることはない。数値や評価の裏に秘められた、見えない努力がある。毎回、発表者からは、自分たちがコツコツと努力し、築き上げた貴重な財産「キラリと光る実践」を、惜しげもなくオープンにしていただいている。身近に、こんなに学べる人と事例があることは幸せである。

ところで、今回の発表会には、非常勤の理事さんの他に「にじのわ」での案内を見て7人の組合員さんが参加された。人数が多いわけではないが、このことは、普通ではあまり考えられない、とてもすごいことと思う。スーパーマーケットの職場会議がお客さんの見守る中で行われているということである。組合員さんのよりよいくらしをめざして（同じ目的を持って）職員が一緒に努力していくというコープみやざきの基本方針があるからこそできることだと思う。極端に言えば内部のどの会議に組合員さんが顔を出されても何も困ることなく会議は進められる。

今かおる坂店の畜産マネージャーをしている川野淳也さんが入協したばかりのころに書いた地責ニュース（1998年）を紹介したい。

「生協の仕事のどこが幸せなのか？　なんといっても一番は〝正直〟に仕事ができる。〝正直〟なことが一番だというところです。私は、今の仕事以前に、他の仕事をいくつか経験しましたが、やはり営利目的の仕事というのは多少なりとも〝ごまかし〟や〝うそ〟ということが必要な場合があります。〝ごまかし〟や〝うそ〟が仕事に必要ない！　というのは、本当に気持ちよく仕事できます。これは生協の職員になって、最初に感じて、今でも幸せに感じる点です」

生協の本質を素朴な言葉で語っている。私も他の仕事から転職して生協に入り一番強く感じたことであった。

事例発表会のようす

日々の努力がコツコツと積み重ねられ、その結果が業績に表れている、みんなで喜び合いたい

（かめだ　たかひで　07年12月「みらい」）

生活サービスセンターの長友さとみさんの振り返り。

「母の誕生日に花を贈ろうと、メールで依頼し、確認のための電話をした。福島光二さんが電話に出られ『コープみやざき生活サービスセンターの福島です』。すごく優しい声で癒される感じがした。それは私が今まで忘れかけていた大事なことを思い出させてくれるものであった。自分から電話をして改めて組合員さんの気持ちになれた。電話に出てくださる方の声でこんなにも掛けたほうの気分が違うのかと思った。『どんな人が出るのかな〜』『こんなこと聴いてもいいのかな〜』そんな不安さえ抱きながら電話される組合員さんの気持ちを考えた時に、第一声がこの方に生協としてお役に立てるのか、立たないのか決まる気さえした」

相手の立場に立って、いつもいい仕事をしている長友さんでも、このように相手（組合員さん）になった時、改めて実感したのだろう。相手の立場に立つということはけっこう難しく深い。

花ヶ島店への「ハロー！コープ」のたより。

「インターネットで本を1万円ちょっと購入し、カウンターで受け取りました。あいにくの雨でした

が『重いから気をつけてください。ビニール袋に入れますね』と、声をかけていただきました。晴れやかな気分になりました。専門書も簡単に手に入る上、割引もあり、早く届き、あったかい声かけをしてもらえる…。これからも利用します」

必要な商品を手に入れた満足に加えて、職員の優しい気遣いにたくさんの満足を得て、また利用したいと思っていただいている。

柳丸店への「ハローーコープ」のたより。

「来月2歳を迎える息子がいます。この子がお腹にいる時に3歳の娘と一緒にコープへ買い物に行ったときのこと。レジの方が『大変ですね』と声をかけてくださいました。娘一人を育てるのも大変で二人目の出産に対して大きな不安を持っていたので、そのことばを聞いた途端、レジの前でボロボロと泣いてしまいました。すると『みんな不安は一緒ですよ』と温かいことばもいただきました。このことばにとても勇気づけられました。本当にありがとうございました。今は二人の子育てを楽しくがんばっています」。2年前のできごと。余程うれしくて、心に残っていて、今でも柳丸店に行くと思い出すのだろう。

小林店の米盛由加里さんに届いた「よくするカード」。

「先日、カライモの所に炊き込みごはんのレシピがあり、子どもが芋掘りで持って帰った芋をどうやって調理しようかと悩んでいた所だったので、大変助かりました。そのレシピの中に米が何合なのか書いていなかったので近くの店員さんに聞いたら、本当に親切で、こちらが恥ずかしくなるくらいうれしい接し方でした。ありがとうございました。おかげで子どもが『炊き込みごはんはおいしいと作文に書ける』と言ってくれホッとしました。これからも利用し続けますのでみなさん頑張ってください」。こちらが恥ずかしくなるくらいうれしい接し方とはどんなのかなと想像してみたくなる。

ここに紹介したそれぞれが「相手の立場に立ち」「その人の喜ぶことを瞬時にできる」素晴らしい対応である。このような日々の努力が全ての事業所でコツコツと積み重ねられ、その結果が２００７年の業績に表れている。みんなで喜び合いたい。

生協の組織や様々な事業が組合員さんのくらしに役立つようにアンテナを高く、行動を速く

（かめだ　たかひで　08年4月「みらい」）

組合員さんからのうれしい便りを2通。

最初は「にじのわ」[※]担当の深野美代さん宛。

「飛行機酔いに悩んでいる」という組合員さんの声を深野さんが「にじのわ」に紹介したら、たくさんの声が寄せられた。

「先日は〝飛行機嫌い〟の件でたくさんの方々からアドバイスいただき誠にありがとうございました。温かいことばに涙が出ました。行くとは言ったものの不安はありましたが、皆様からのアドバイスに背中を押されて、無事に11月末に息子の住む東京へ行って参りました。若いころは出張で何十回と飛行機を利用していたのですが、20年前に病気になってから外出＝恐怖になってしまいました。この機会を得たことで20年前の自分を取り戻せた気になりました。息子と過ごした1週間は夢のような日々でしたが、仕事を隠れ蓑に東京に行かなかった自分を反省しました。一人暮らしも板に付き、しっかりとやってる様子を見て安心しましたし、これを機にまた行こうという気にもさせてくれました。数ヵ月前の自分からは想像もつかないことです。皆様からいただいた数々のアドバイスは大切な宝物になりそうです。な

んだかこの歳になって人生が変わりそうな気がしてきました。というのも、この件をきっかけに一組合員のためにみなさん親身になって考えてくださり、助言をいただいたり、一人ではないんだと心強く思ったからです。組合員の皆様、生協職員の皆様に心より御礼申し上げます」

私が「にじのわ」を読んだときは「飛行機に酔う人もいるんだ」くらいに思っていたが、こんなくらしにつながっていたことを知って驚いた。深野さんがよくぞキャッチして、「にじのわ」に載せ、みんなのアドバイスを求めてくれたと思う。「人生が変わりそうな気がしてきました」とまで思っていただき生協が本当に役立っていることがうれしい。

二つ目は高鍋支所の池邉大輔さんと生活サービスの職員へのお礼。

「生協さんの素晴らしい連携プレーに脱帽。11月13日、配達の池邉さんへ『ピアノ調律』のことを尋ねました。彼はすぐ携帯で電話。その夜、生活サービスの片田さんより電話があり、すぐにピアノバンクの奈須さんより電話。来宅の日を決め、約束の12月2日来宅。約2時間で調律終了。いろいろ教わり、ていねいな仕事をされる方だと思いました。ありがとうございました。

11月27日配達の後、池邉さんに水まわりの不具合を話してみた。彼はすぐ携帯で電話。住宅センターの高橋さんが本日3時に伺いますとのこと。3時来宅。漏水の場所の検査、写真撮影。大体見当がつき（約1時間）すぐ市内の水道屋さんに電話。まもなくかけつけた水道屋さんと意見一致。高橋さんの熱心な姿勢に感銘しました。水道屋さんが部品を取りに帰ってすぐに修理にかかり暗くならないうちに完了。ありがとうございました。

池邉さんへのひと言が見事に連携され私どもも大変助かりました。ありがとうございました。厚く御礼申し上げます」

日にちや時刻を丁寧に追いながらの手紙、「ありがとうございました」が3回も書かれている。池邉さんと生活サービスの機敏な対応によほど喜ばれてのことと思う。

一昨年の総会で基本方針に加えた「組合員さんのくらし全体から見て、その組合員さんにとって最も役に立つように、他の事業も適切に案内できているか」の貴重な実践である。

生協の組織や様々な事業が組合員さんのくらしに役立つようにアンテナを高く。行動を速く。

私の雑感を読んでいただいた全てのみなさんに感謝します、ありがとう

（かめだ　たかひで
08年6月「みらい」）

今回で「専務雑感」が148回目となった。専務になって148ヵ月が経ったことになる。仕事だから、役割だからといえばそれまでだが1回も途切れずによく続いた。私は月に1回だが「専務が雑感を書いているのに本部長は…」と椎木孝雄さん（顧問）から指摘され毎週雑感を書いている本部長はけっこう大変だと思う。その後は支所長（エリア長）・店長・マネージャー・生活事業は全職員が書くようになった。職場の事業報告に人間味が感じられるようになり、見るのが楽しみになってきた。

12年前、専務になる時の職員総会で次のようなことを話した。

「今度、私が専務になることについて、みんな不安なことだと思う。なによりも私自身が一番不安に思っている。だから、専務に任せておけばなんとかしてくれるのではなどと考えず、『方針どおりやっているか』『経営はちゃんとやれているか』と目を離さず、私の仕事ぶりをよく監視して気づいたことを遠慮なく指摘してほしい」

その具体化として「みらい」の担当者にお願いして紙面をもらい、「専務雑感」を書くことにした。専務は遠いところにいて、誰にも話さないが、すごいことを考えているだろうと誤解されたら大変なので、自分の考えていることをありのままに、職員みんなに話しかけるつもりで書き始めた。今から思う

と地責ニュースにつづく自己開示の始まりでもあった。

文章にすることにより、自分の考え方が整理でき、仕事への向かい方について自分の姿勢を正すこともできたように思う。日頃、接することのない職員からも、ひょんなところで声をかけられることもあり、職員との距離は近くなったように思う。また、ホームページに載せるようになって、日常的につながりのない生協の人や取引先から「この前の『専務雑感』は…」と話しかけられてびっくりすることもある。

「専務雑感」を書く中では、職員のみなさんが基本方針を正確に理解できるように努めた。基本方針書というのはどうしても抽象的な表現となる。ところが日々の実践はきわめて具体的なものである。この日常の仕事で努力されていることについて「このことはすばらしい仕事です。基本方針のこのところの具体化です」と光を当ててみんなに紹介するのがわかりやすいと思っている。具体的な行動を抽象化して理解していくということである。基本方針に「人はだれでも、わかれば納得でき意欲がでます。わかれば知恵がでます。わかればやれます」とあるように「わかる」ことが大事である。

6年前に『雑感集』を出版した。主には新入協の人に読んでもらって、コープみやざきとはどんなところかが分かってもらうことを目的とした。

35周年企画として『雑感集』の第2集が出版された。この二つの『雑感集』の編集にあたっては編集委員会の理事さんが過去の雑感を全て読み込んで選択した。過去の文章を本にまとめる時に、文章を書き換える必要がなかったのは幸せなことであった。基本の考え方が揺るがずに進んで来れたことの証である。方針がぶれないと職員も安心して働けると思う。

書くことが苦手な私もみなさんに励まされて「専務雑感」を続けることができた。今回で「みらい」の「専務雑感（かめだたかひで）」は終わりとなります。私の雑感を読んでいただいた全てのみなさんに感謝します。ありがとう。

雑感 2

専務理事　河田　公克
常務理事　日髙　宏
店舗事業本部長　山下　英則
共同購入事業本部長　日髙　義文
生活事業本部長　小山田　浩
大塚店店長　中野　正彦
柳丸店店長　丸山　剛
店舗支援部　西村　清志
小林支所エリア長　髙野　心平
プラスサービス執行役員　岩﨑　健

自分たちの平和憲法に変えた国

（かわた　まさかつ
12年7月「図書館長雑感」）

数年前、大塚生協クリニックの待合室で、『勇気の源は何ですか?』（朝日新聞社記者伊藤千尋著）という冊子に衝撃を受けました。世界には平和憲法を持った国が二つあり、その一つが日本、もう一つがコスタリカ共和国という紹介でした。この国は内戦に懲りて軍隊を放棄し「兵士の数だけ教師をつくろう」と自分たちの平和憲法に変えた国です。

コスタリカ共和国は中米に位置します。中米はやや不安定な地域というイメージが私にはありましたが、軍隊がなくなると攻められる、という不安を乗り越え「攻められない国づくりをしている」と誰もが自信を持って話す国になっているとのことです。平和憲法が、コスタリカ共和国という、地球で考えれば反対側の国で実践されていることに、驚きと頼もしさを感じました。

漁師だった私の祖父が船を接収され、もう一人の祖父が出征したあの戦争の話は、幼かったけれど私の心にしっかり残っています。敗戦から67年。年々体験者は少なくなりますが、「忘れてはならないこと」として「事実と教訓」を次世代へとつながなければと思います。7月図書館の催事コーナーのテーマは「平和」です。

（かわた　まさかつ　13年3月「図書館長雑感」）

アメリカ流通セミナー

先月のアメリカ流通セミナーにコープみやざきから19名が参加。私も一員として、サンフランシスコを中心に二十数店を見学した。

私が初めてアメリカに行ったのは23年前。この四半世紀で見ると、自分もずいぶん変わったと思うが、それ以上にアメリカの小売業は大きく変わったことを実感する。

今回「ナゲット」というスーパーマーケットで店長（30代前半・この企業で2番目に若いイケメン店長）へのインタビューがあった。店長が今一番努力していることは？　の質問に「来店したお客様に徹底して喜んでもらうこと。そのために、ノートにお客様の特徴を書きながら、顔と名前を覚えて、お客様の名前を呼んであいさつをすること。もう一つは人を育てること」と言い「次の店長候補です」と惣菜の

2017年度アメリカ流通セミナー集合写真

マネージャーを紹介した。

この企業は店数13店舗と決して大きな企業ではないが、大手チェーン店と激しい競争をしながらも、業績は好調に推移している。

もう一つこの企業は、全米で「働きたい企業100社」の中で、2010年5位にランクされている。お客様・従業員両方から評価が高い企業だった。参加者みんなで、見えないけれど大切なお土産をたくさん持ち帰ってきた。

関係者の皆様、ありがとうございました。

コープみやざき職員図書館開館20周年記念交流会

職員図書館開館20周年記念交流会

（かわた　まさかつ
14年12月「図書館長雑感」）

11月15日に本部会議室で職員図書館開館20周年記念交流会が開催されました。

人間でいえば成人となる歳。新たな出発と考え初心に帰るということで、職員図書館創設者で初代図書館長の椎木孝雄顧問にご講演をいただきました。

参加した分館長さん、図書館利用者、職員OBのみなさんからも、図書館への期待や要望が出され、さらに使いやすい図書館をめざして新たなスタートが切れたと思います。

今回、和やかな交流会となるようにと、本館図書館員の福田富美子さん・深野美代さん・冷牟田初人さん・小山田浩さんを中心に企画され、パンフレット、しおりの作成、当日早朝からのおにぎり作りなど奮闘いただきました。また、柳丸店の惣菜部門のみなさんには、立食スタイルのオードブル作り、総務部や経理部のみなさんには、準備・後片付けと多くの方々からご協力をいただきました。ありがとうございました。

椎木顧問は講演の締めくくりに「職員図書館など、効果を測定することができないことに費用を出し続ける〝哲学〟を深めてほしい」と話されました。

具体的な効果測定は難しいとは思いますが、職員一人ひとりが成長できる仕組みとしてこれからも図書館を大切に育てていければと思います。


（かわた　まさかつ　15年4月「図書館長雑感」）

学べる図書館

２０１４年度の本館の図書の貸し出し状況は、貸し出し数１６４１冊、延べ利用者９３５人でした。多くのリクエストもいただき、新たに４１９冊の蔵書を増やすことができました。ありがとうございました。また、分館では、商品センターや5店舗で、書籍の入れ替えができました。

今年度も引き続き、分館の書籍の入れ替え、仕組みの改善、図書館便りなどでの情報発信に力を入れ、利用しやすい図書館をめざします。

今年度入協した大星裕輝さん（都城支所・地域責任者）が『ロッチデールの虹』を読んで次のような感

誰でも利用できるくつろぎの空間。コープみやざきの職員図書館

想を出されました。一部抜粋でご紹介します。

「『剰余金の配分』や『現金買い制度』など当時からきちんと考え抜かれた制度が用いられていることに驚かされましたが、私が何よりも驚いたのは、『教育の重視』です。貧乏から抜け出すためには、知識が必要だと考え、図書館を設置したとありました。その場しのぎではなく、子どもや孫たちのことを考えてのことだと思います。しっかりした土台を築いたからこそ今日の協同組合があるのではないでしょうか」

ロッチデール同様、コープみやざきにも学べる図書館がありますのでご活用ください。

＊ロッチデール＝ロッチデール先駆者協同組合のこと。イギリスのロッチデール（地名）で生まれたこの組合が、世界の協同組合のはじまりといわれている。
『ロッチデールの虹』協同組合誕生の物語（三宅恵子著　1979年）

五ヶ瀬町にある「ふれあいの里」

（かわた　まさかつ
15年6月「図書館長雑感」）

ふれいあいの里開設20周年の記念撮影

五ヶ瀬町にある「ふれあいの里」は、コープみやざき、高千穂地区農協（当時五ヶ瀬町農協）、五ヶ瀬町の3者で出資し、1991年に開設した宿泊ができる多目的研修施設。「神楽見学会」でもお世話になっている三ヶ所神社やしだれ桜で有名な浄専寺がある宮野原地区に建設されている。

現在、施設の日常の管理・運営は、金子郁代さんを中心に、地元のみなさんで管理組合を設立しお世話いただいている。年に1度、この関係する4者が集まり、経営状況等を話し合うため運営委員会が開催される。先日、その会に、和田裕子会長・小山田浩総務部マネージャーと共に出席した。

夏は避暑地として学生の合宿に、冬は五ヶ瀬町ハイランドスキー場利用者の宿泊施設としても活躍している。昨年は夏の長雨の影響もあり、利用者がやや少なくなったものの、年間1045人の宿泊利用があった。

五ヶ瀬町の皆様とコープみやざきの交流は１９８６年農産品取引契約から実質的に始まり、田植え・稲刈り・しめ縄づくり交流会等々が続けられている（２０１９年現在はしめ縄づくり交流会は休止中）。来年は、「ふれあいの里」開設から25年、契約締結から30年を迎える。当時関係された方々、交流を続けられている方々の思いを大切に、社会的な変化に対応しながらも、この交流が続けられるよう、努力したいと思った。

当時の詳しい経緯は、図書館に所蔵してある『しだれ桜の咲くむら　五ヶ瀬町宮之原の挑戦』（三上謙一郎著　鉱脈社）に掲載されています。

（かわた　まさかつ
15年8月「図書館長雑感」）

戦争を二度としてはいけない

母方の祖父は敗戦後帰還。郵便局に勤めながら5人の子どもを育てた。笑い顔は見せない、少し怖い感じの明治の人だった。

祖父との思い出といえば、幼い時の芋掘りや小学生の時に数年続いた庭の石垣積み。祖父の晩年には、私が運転して出かけることも多く、中でも、祖父の二人の戦友を訪問したことは今も忘れない。戦地でバナナが本当に美味しかったと話してくれた祖父。私が熱を出すと、当時は高価な台湾バナナを食べさせてくれた。

亡くなる少し前の病床で、戦争で二人の人を撃ったということを話してくれた。二人とも命は助かったはずで、人は殺さなかったという話の中に、祖父の苦悩と戦争への憎しみを感じた。極端に口数も少なく、戦争について多くを語ることはなかったが、「戦争を二度としてはいけない」ということは、祖父のお蔭で、私の体に染みついたようだ。

今年も、組合員さんから寄せられた平和へのメッセージが「にじのわ」に掲載された。

若者も加わり多くの国民が学びながら安保法制改定の意思表示を進めている。言葉遊びではなく、ごまかしや問題のすり替えでもなく、ことの本質をしっかり議論し、国民の意思をぜひ国政に反映してほしい。

祖父が生きていれば、きっと口数少なく、「戦争はダメ。戦争につながるようなことはダメ」と言うと思う。

五つの誓い

（かわた　まさかつ
15年10月「図書館長雑感」）

「口」は…人を励ます言葉や感謝の言葉を言うために使おう
「耳」は…人の言葉を最後まで聴いてあげるために使おう
「目」は…人の良いところを見るために使おう
「手足」は…人を助けるために使おう
「心」は…人の痛みがわかるために使おう

方針書にある「五つの誓い」

この誓いを立てた腰塚勇人さんの講演会が、9月12日宮崎市で開催された。腰塚さんは、スキーの事故で首の骨を折る怪我を負い、一時は生きる希望を失いながらも、家族や病院関係者、学校の先生や担任をしていたクラスの生徒からの励ましのお蔭で新たな生き方に気づき、必死にリハビリを行い、4ヵ月という短期間で学校への復職を成し遂げた。その時に、腰塚さんが立てたのが、この五つの誓い。

腰塚さんは「事故のお蔭」で「いつも笑顔でいよう」「いつも感謝をしよう」「周りの人々の幸せを願おう」という生き方に気づき、これが事故後の自分の原点になっているという。

五つの誓いは、とても分かりやすく、多くの職員から共感の声が寄せられている。私も実践したいと思っているが、時にできていないことに気づき反省させられる。少しでも近づけるように、努力を続けたい。

小さくてもきらりと光る生協

（かわた　まさかつ
17年2月「図書館長雑感」）

1月27日に日本生活協同組合連合会の専務理事・和田寿昭様をコープみやざきにお招きし、学習会が開催された。テーマは「最近の協同組合をめぐる状況」ということで、「協同組合がユネスコの無形文化遺産に登録された」ことや政府が進めている「農協改革」について学んだ。内容を少し紹介する。

無形文化遺産への登録申請はドイツの協同組合が行い「協同組合において共通の利益を形にするという思想と実践」が登録された。

協同組合が19世紀半ばに誕生して以来、１７０年にわたり事業活動を通じて地域や人々のくらしの向上に大きな役割を果たしてきたことが評価された。

今回は、過去の遺産ということではなく、協同組合の思想や実践を未来に継承していくべき遺産として登録されている。

また、国連の中では、協同組合が将来に向けた活動の中で重要なパートナーとして重視されている。世界の協同組合の規模は、組合員数10億人、事業高298兆円とのことだ。

協同組合の本質的な価値を大切にしながら、社会の発展のために協同組合を活用していこうという動きが世界で進められている。改めて、協同組合で働く者として、嬉しさと共に身の引き締まる思いがした。

歴史に学び広く世界にも目を向けながら、組合員のくらしに役立つ「小さくてもきらりと光る生協」をめざし、毎日の実践を積み重ねることの大切さを感じた学習会となった。

（ドイツの協同組合をはじめ世界の協同組合の資料は職員図書館にあります）

（かわた　まさかつ　18年3月「図書館長雑感」）

「志」を受け継いでいきたい

今年の職員総会の閉会のあいさつの中で、次のような話をさせてもらった。

「コープみやざきが積み重ねてきた歴史に学べればと思っています。正しく過去に学ぶことは、私たちのみらいを照らすことだと思います。ＯＢの皆様にも力をお借りし、図書館も活用しながら、コープみやざきの歴史に学ぶ機会を増やしていきたいと思います」

3月1日、コープみやざきの元副理事長・田中哲史さんの告別式に参列した。私が入協した時の専務理事、個人的にも大変お世話になった。

田中さんは、コープみやざきの前身の宮崎市民生協設立から、大学生協の専務理事という立場で全面的に関わられ、1975年からは宮崎市民生協の専務理事、その後副理事長としてコープみやざきの現在の基盤をつくられ、1998年に退任された。その時の「みらい」のインタビュー記事には、イタリアのような「協同組合のあるまち」になればいいなと思っているとあったが、書かれている通り、コープみやざき退任後も宮崎県内の協同組合運動に関わり続け、最近はみやざき福祉生協の理事長として活躍されていた。

田中さんから直接学ぶ機会はなくなってしまったが、コープみやざきの歴史をしっかり学び、田中さんの「志」を受け継いでいきたい。ご冥福をお祈りします。

一つひとつの声を真摯に受け止めて、一つひとつ検討すること

（ひだか　ひろし
10年11月「月のふり返り」）

小林店に品揃えされている「一騎醤油」

小林店に一騎醤油という醤油があります。この商品は不使用添加物のパラオキシ安息香酸が使用されていますが、リニューアルの際、競合調査をし「その地域で支持されている商品で品揃えとして欠かせない」ということで品揃えした商品です。

その後、気になって店舗支援部の中村幸臣さんに聞いたところ「価格を安くしたわけではないのに予想以上に買われている」とのこと。また、この商品は、中村さんが担当になって、数年前に1回だけ組合員さんからの要望があったそうですが、その際は、品揃え政策整理がされていなかったためお断りしたようです。

今回の一騎醤油で二つのことを感じました。一つは、「その地域で支持されている商品の品揃えがいかに必要か」

ということ。もう一つは、「小林店でこの商品を買われた方は、それまで別の店で買われていたのだと思います。なければ他店で買えばいいだけのことで、わざわざこの商品を品揃えして！　と言ってくれることは少ないのではないか？」ということです。

日南店の準備を進めていますが、地域商品を再度調査すること、また、改めて日頃寄せられる一つひとつの声を真摯に受け止めて、一つひとつ検討することを強めていきたいと思いました。

（ひだか　ひろし　12年12月「月のふり返り」）

組合員さんのくらしに思いを馳せ一つひとつ丁寧に

おせちのＭＤ※ラリーを始めて6年経ちました。今年も見栄えでは4社中2位でしたが、味、品質では圧勝でした。毎年他社のおせちも改善されているようですが、単品一つひとつを比較すると、二十数年かけて利用された組合員さんのアンケートをもとに改善し続けた積み重ねの差が明らかに出ていることを毎年実感しています。

毎年利用が伸び続けているのも、地責や店舗職員の頑張りはもちろんですが、二十数年間一つひとつ丁寧に改善し続けてきた結果だと思います。

鍵山秀三郎さんの言葉に「微差、僅差の積み重ねが大差となる」ということばがあります。また、「10年偉大なり。20年にして畏るべし。30年にして歴史となる」とも言われています。

おせちももうすぐコープみやざきの歴史となりそうです。おせちの事例に学び、組合員さんのくらしに思いを馳せ一つひとつ丁寧に積み重ねていきましょう。

（ひだか　ひろし
16年1月「月のふり返り」）

〝よりおいしく〟をコンセプトに

恵方巻のMDラリーを毎年行い改善し続けています。品揃えや価格、味、食べやすさなどいつも周りの店舗より評価は高いのですが、それでも満足することなく改善し続けています。

特に、のり巻シートで作られた中巻きの海苔の評価は高く、周りの店に品揃えがないこともあり、この差は大きいといつも思っています。巻き寿司の海苔については、その年の作柄によって品質が大きく変わることもあって、複数の取引先に商品を提案してもらい、品質や価格で評価し最も優れた原料の年間仕入を決めています。

しかし、驚いたのは、今年の中巻きの海苔に限っては今でもパリパリして噛み切りやすいのに、さらに噛み切りやすいように目視では確認することができないくらいの小さな穴の開いた海苔に改善されていて、昨年よりパリパリ感が増していたのです。現状に満足することなく〝よりおいしく〟をコンセプトに改善し続けている蓑田安美さんの仕事ぶりに感心しました。来年は他商品についても穴あきの海苔に改善できないか検討しているとのことです。あっぱれです。

常に相手の期待より少し上をめざして

（ひだか　ひろし　16年8月「月のふり返り」）

先日、酎ハイのトラブルに対応した西村淳也さん宛にこんなお礼のメールが届きました。（抜粋）

「一番ビックリしたのは、お詫びとご報告という手紙！　きちんと原因を調べてくださったことなどが丁寧に書かれていました。しかも、仕入開発部の方の写真と名前まで！　責任持って商品を扱ってるんだ、というのが伝わり、たかがジュースひとつにここまで迅速に、丁寧に対応してもらえると思ってなかったので、とても感動しました！　生協さんの商品は、高いけど品質がいいので利用していますが、今回の対応でさらに信頼がアップしました。『さすが生協、やっぱ生協』とみんな言ってました！」

大変うれしいメールでした。迅速かつ丁寧に対応し写真入りということが、責任を持って商品を扱っていると思われたことはいい意味で意外でした。その後の西村さんの回答も「組合員さんの気持ちに寄り添って丁寧な対応ができるよう、今後も努力していきたいと思います。今後は、価格は普通だけど品質がいいと言っていただけるよう努力します（笑）」となかなかよかったです。

人との関係は、期待を超える対応や回答をもらったときに感動が生まれコアなファンになる、と言われます。常に相手の期待より少し上をめざして日々努力していきましょう！

人それぞれ、いろんな要望

（やました　ひでのり
15年2月「店舗版　団らんにゅーす」）

都北店のレジカウンター部門の野元美穂さんの「こんなこと聴けたよ！気づいたよ！報告書」を紹介します。

「会計時に、組合員さんにお釣りを返したら、『私的にはお札は正面向けて返してもらうより、（天地）逆に向けて返してもらった方が取りやすくていいんだけど、どうかしら？』と聴かれたので、何て答えようか？　確かレジの検定試験では、『お札は組合員さんに対して正面を向けて返すように』と習って実践しているし…。それが身についていると頭の中で考えてはいましたが、ベストな答え方が見つからないな…と思いながらも組合員さんのそういうお声を聴きながら、差し障りのないようにお答えしました。そしたら『まぁ人それぞれなのよね！』とおっしゃいました。後で正直に答えるべきだったのかな？　と考えこんじゃいました」

レジ精算時の、組合員さんとのやり取りがとてもよく分かる報告書です。レジのマニュアルでは野元さんの書いている通り、お札は正面を向けてお返しすることが、相互確認と組合員さんに対して失礼がないようにという意味で、正しい渡し方になっているようです。また、「お札は頭を下向きに入れた方が、お金が財布に飛び込み、出ていかない！」と思われている方もいるということで、お札の下側を取っていただけるように、正面を向けて渡しているようです。

私の周りの人にお札の入れ方を聴きましたが、上下を気にせず入れている人が一人、頭を下にして入れている人が一人、頭を上にして入れている人が一人とバラバラでした。ちなみに、私は頭を上にして入れているので、この組合員さんの言われるようにお札は天地逆で渡してもらった方がいい、と改めて感じました。こうなると、マニュアルはあるけど、野元さんが悩んだように困りますね。ではどうすればいいか？　今、私たちは組合員さんの名前やお気に入り商品を覚えることに努力しています。家族構成や、どこから来られているのかも、分かるようになってきました。野元さんの情報も大きな成果です。野元さんが対応した組合員さんの中村様という名前も分かっています。この情報をレジの職員で共有し、マニュアルとは違う渡し方を、この組合員さんにはしてほしいと思います。

組合員さんは、「人それぞれ」です。人それぞれ、いろんな要望があると思います。それをつかみ対応ができるようになった時、店の魅力が更にアップします。

こども店長

（やました　ひでのり
15年5月「店舗版　団らんにゅーす」）

4月後半からゴールデンウイークの間に店舗を利用された組合員さんからうれしい便りが届きましたので紹介します。

柳丸店を利用される組合員さんからは「このあいだ、4月22日『よい夫婦の日』でサボテンをプレゼントしてもらい大事に育てています。写真も撮ってもらいありがたく思っています。毎日仲良く生協で買い物しようと思っています。感謝の気持ちいっぱいです。ありがとうございます」。ご夫婦でいつも買い物に来ていただいているようです。レジカウンター部門の川﨑美智子さんの優しい対応で、とてもよい記念になったと思います。

小林店への便りです。「4月29日の『昭和の日』に買い物に行きましたら、どこからか懐かしい昭和の歌が心地よく聞こえてきました。会場をのぞいてみたら、なんと店長さんのミニコンサートでした。『ハロー！コープ』で紹介がありましたが、とてもお上手で私も口ずさみながら楽しく買い物させていただきました。なかなかいい企画ですね」。組合員さんや職員から協力してもらい、昭和の懐かしいカメラやラジオ、映画の看板などを展示した店舗が多くありましたが、小林店では、それに加えて中野正彦店長が友人の中窪強さんと一緒に、コンサートを行ったようです。口ずさみながら楽しく買い物できる雰囲気って、とてもいいと思います。安らぎを感じます。

大塚店ミニコンサート

浜町店への便りです。「先日5月5日の『こどもの日』に、こども店長に二人の娘が参加させてもらいました。お店の裏側を見ることができ、また魚の冷蔵庫の中まで見せていただきました。子どもも楽しかったようです。店員さんがみなさん親切でとても満足した一日となりました。子どもが『またした〜い！』と言っていました。これからも笑顔あふれる店でいてください」。浜町の職員一人ひとりのこども店長への配慮が喜ばれています。こども店長は、辞令交付、カゴ渡し、陳列手直し、検食、店内アナウンスなどを行い、最後にお菓子の詰め合わせのお給料袋をもらう企画です。柳丸店では、なんと19人の子どもさんが参加されたようです。子どもさんの家族の見学も多く、ビデオやカメラ片手にゾロゾロ行列でにぎわったようです。エプロンやタスキ、帽子を準備していただいた職員にも感謝です。

「来る人には楽しみを！　帰る人には喜びを！」が感じられる店づくりをすすめます。私たちの仕事は、組合員さんや家族を満足させ、喜ばせることです。

「プラン・ドゥ・シーではなく、リッスン・ドゥ・シーです」

（やました　ひでのり　15年11月「店舗版　団らんにゅーす」）

みなさんの店ではどんな昼礼をしていますか。私が店長をしていた時は、「重点商品の試食、見本、レシピ等どうやって提案するのか？　それをやれば予算は達成できるのか？」そんなことを確認するのが中心の場になっていたような気がします（責めていたかもしれません）。しかし大塚店では、今年の6月ごろから全く違う昼礼が行われています。そのようすを、店の魅力をあげるプロジェクトメンバーがビデオに撮って、今週の店長会議でその勉強会を行いました。

大塚店の昼礼は、加藤賢一店長から「昨日休みで道の駅に行ってお菓子を買ってきたから食べて」という、まるで家族に語りかけるような話でスタートします。「組合員さんから尋ねられた、無添加のふりかけのサンプルが入荷しました」と、フロア部門の三宮幸子マネージャーからの試食も準備され、非常になごんだ雰囲気です。そんな中、職員からは、組合員さんから聴いた声が次々に紹介されます。出された声は「商品部に依頼してみよう」「その声をそのままPOPで案内してみよう」「その商品を作って出してみよう」そんな会話が行われています。声をコト※POPで案内する時は、加藤店長自身が書くこともあるようですが、とにかく組合員さんから聴いた声をどうやって実現していくか、その一点で昼礼が行われていました。職員から紹介される声に、加藤店長はひと言も指示、命令を出しません。ただひたすらに、職員から紹介される声を一緒に受け止め、一緒に解決しようとする姿勢のみです。すごいと思いました。

こういう昼礼を始めたころはあまり声も出なかったようですが、どんな声があったかを職員に聴き続けることで、職員も意識して組合員さんの声を聴くようになり、その声をまわりの職員にも聴いて昼礼に参加するようになって、現在のように組合員さんの声があふれる場になったようです。

勉強会の最後に加藤店長から、「プラン（計画）・ドゥ（行動）・シー（振り返り）ではなく、リッスン

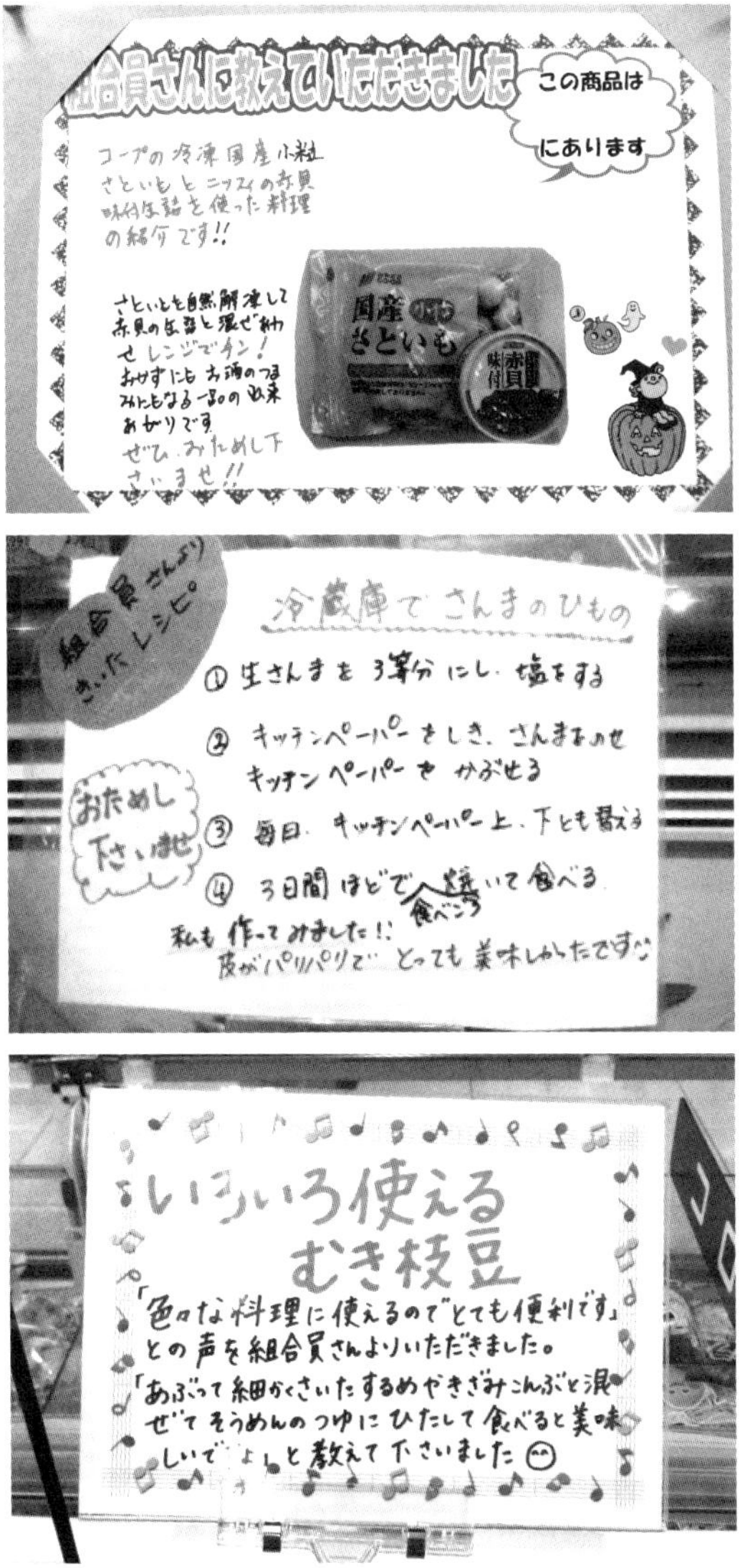

組合員さんから聴いた声をコトPOPにして案内しています

（聴く）・ドゥ（行動）・シー（振り返り）です」という話がありました。「プラン・ドゥ・シー」は、問題や課題を達成するために、計画し実行し振り返るという意味で、仕事をする中で使われることばです。「リッスン・ドゥ・シー」は加藤店長が考えたことばで、「組合員さんから聴いた声を、まずはやってみて振り返り、やってみた結果を次に生かす」という意味です。加藤店長のこの「リッスン・ドゥ・シー」の昼礼を、全体でやってみようと思います。

（やました　ひでのり
16年4月「店舗版　団らんにゅーす」）

筍が美味しい季節になりました

筍が美味しい季節になりました。この季節になると、近くの人か親戚か誰が持って来てくれたのか分かりませんが、筍がうちの玄関先に置いてあることがあり、いつも美味しくいただいています。今週の紙面では、この筍に合う提案を自分たちで考え実践した小林店畜産部門の取り組みを紹介しています。

小林店に行った時に東郷隆幸マネージャーに「思い切った、いい提案だね！」と言うと「部門職員がいろいろ知っていて、それを基に提案してくれるので、その提案を買い場で表現しているだけです」と答えてくれました。この時の供給計画※の重点商品は、ムネ肉だったようです。本来ならムネ肉を下段で展開するようになっていたようですが、鶏のぶつ切りを買い場でよく聴かれるようになり、部門職員と話をする中で「そう言えば、今の季節は筍と鶏のぶつ切りを使った煮物料理をよくするよね！」という話になり「じゃ、鶏のぶつ切りに力を入れてやってみよう！」と、ムネ肉の展開を縮小してやってみたようです。

東郷マネージャーは、その季節でどんな料理が食べられるかなど、全てのことが分かっているわけではないと思います。一番分かっているのは、組合員さんの声を買い場で聴き、毎日買い物や料理をして、地域活動、学校行事などにも出る部門職員です。その部門職員の発信することを素直に聴いて、実践してみることがマネージャーとして大切な仕事になりますが、そこがとても優れています。

２０１６年の店舗事業本部の方針で「供給計画を参考にしながら、目の前の組合員さんが求める商品を、そこにいる職員の判断で供給できるようにします」としています。２０１５年度までは、「供給計画を基本にしながら」という表現にしていました。今年から、「基本」ということばを「参考」に変えました。このことばを変えたのは、供給計画はあくまでも参考程度で実行し、組合員さんの声やその日・その季節の商品の動きを観て、自分たちの考えでよかれと思ったことは、見本などの提案はもちろん、重点商品自体も変更して欲しいという意味です。

主人公は組合員さん、そして部門職員のみなさんです。みなさんがやりたい、やった方がいいと思うことは、積極的にやってみてください。それが実現できるように支援するのが、商品部や支援部の仕事です。どうぞ、思い切ってやってみてください。

「～してあげよう」と思って生きている人

（ひだか　よしふみ
15年4月「共同購入版　団らんにゅーす」）

宮崎南支所・甲斐大策エリア長の報告「寺田一彦さん…何のために、誰のための活動にあっぱれ！」を読んで感動しました。組合員さんのハッピーが職員のハッピーとなった瞬間だと思います。

内容は「隣の席で寺田さんが『やったー！』と叫んだので『突然何？』と思い聴いてみると…組合員さんがお子さんの『たすけあい共済ジュニア１０００円』を検討されていたようですが、告知の『過去５年間にくも膜下出血と診断されていませんか？』に該当。日南支所時代に寺田さんが配達していた組合員さんのお子さんで、その当時交通事故に遭い宮崎大学病院に入院され、退院後は宮崎市内に住んでいらっしゃいました。『交通事故によるくも膜下出血なのだから、告知事項はどうにかならないものか…』と思い共済連に確認すると『外傷性によるものだから告知には該当しません』の連絡。組合員さんや子どもさんのことを想い対応した結果での『やったー！』でした。実績が出ての『やったー！』ではなく、人のために役に立てたことでの『やったー！』と叫ぶ寺田さんの姿が、カッコよく観えました」というものでした。

先日読んだ本で、人との出会いについて書いてあった内容を思い出しました。「…出会った人に『～してもらおう』と思って生きている人、『～してあげよう』と思って生きている人では、人生はびっくりするほど変わってきます。働き方も同様です。どう思っているかで行動が変わり、人間関係が変わってきます。『～してあげよう』『喜ばせよう』と思っている人に、素敵なご縁が広がるのですね…」というものでした。「人脈を広げる」というお話でしたが、仲間づくりにもつながると感じました。

喜ばれる仕事を積み重ねることで、働いている人も元気になれます。みんなで、喜ばれていることを確認しつつ事業を無理なく自然に広げていきます。組合員さんをハッピーに！

（ひだか　よしふみ
15年12月「共同購入版　団らんにゅーす」）

まるで相棒のように嬉しくなりました

今年の振り返りをする中で「共同購入カタログに組合員さんと職員が一緒に写っている写真が活用されるようになり、より身近に感ずるようになった」と意見が出されていました。普段のくらしの中で家族の団らんが弾むイメージがつきやすいカタログに、より進化していると感じます。商品部のみなさんの努力にも感謝です。

先日、髙野心平さんから届いていた組合員さんの写真に目が止まりました。髙野さんが付箋にコメントで「旅行センター様○○様より写真預かりました。新婚旅行で行った同じ場所での1枚です。嬉しそうに話してくれました！　髙野」と書いてあり、旅行の楽しみも伝わってくるようでした。さっそく、生活事業の事業案内チラシで案内しましたが、旅の楽しさを感じていただける案内になっていたと思います。髙野さんが共同購入に限らず目の前の組合員さんと共感する関係を創りあげているところが、素晴らしいと思います。以前紹介された事例で、お花を贈られた組合員さんに、髙野さんが付箋紙にコメントで「喜んでいただけるといいですね！」と伝えた話を思い出しました。

総務部の小山田浩さんから「今日監事会があり、監事の喜田久美子さんがこんな話をされました。『配達の時は、仕事で8割がた留守にしています。息子が商品のチェックなどをしてくれて、地責から電話が来ることもほとんどないけど、昨日電話がありました。何かな？と思ったら、【お歳暮の注文はよかったですか？】と言われました。来週が締め切りと勘違いしていました。しまった！と思い【今回は店舗で利用します】と言ったら【注文用紙を取りに伺いますよ】と言われて、とても助かりました。共同購入のお歳暮の注文用紙は印字もされているし、まるで相棒のようで嬉しくなりました。今日、取りに来てもらうことになっています』。地責は、日高孝典さん。私は、この喜田さんの『相棒』ということばがすごくいいなぁ～と思いました」と教えていただきました。

大切なのは、組合員さんをよく見て、寄り添うように対応することなのだろうと思います。「相棒」と頼っていただける努力を続けていきます。

20時消灯に取り組んで

（ひだか　よしふみ
16年9月「共同購入版　団らんにゅーす」）

各支所で改めて20時消灯に取り組んでいただいています。それぞれに積極的な議論がされていると聴いています。みなさんの前向きな姿勢に感謝いたします。

先週供給高前年対比伸長率№1の小林支所・荘子達也エリア長報告「…先週も毎日20時施錠をすることができました。高い意識で取り組んでいただき本当にありがとうございます！　同じ20時施錠でも、中身が少しずつ変化しているのが見えます。今までは『あと10分しかない…』『5分しかない…』という声が多かったですが、今は『あと2時間しかない…』『1時間半しかない』と早くから時間を意識しスピーディーに動く場面が多くなってきました。やりきる量も増えてきていると感じています。また、遅くなってしまってフォローをお願いする場面もありました。20時までにどうしても終わりきれない…と思ったらフォローを待つのではなく、チームメンバーに相談することが大事ですね。あとは自分で完結するにはどうすればいいのかを真剣に考え行動し、変化を見せていくことがフォローしてもらった一番の恩返しだと思います。これからも知恵を込め、時間と成果を追求していきましょう！…」。みなさんが終わりの時間を意識することで、物事をとらえる感性が豊かになっているようにも感じました。

『仕事が早くなる技術の本』には、【リサーチに時間を費やす等、時間を掛ければレベルの高い仕事ができる訳ではない、実は考えるより先に動いたほうが速い…】【調査に時間を掛けるより、現場で起こっている事を議論し仮説を持ち、やることをしぼり込む】【開始時間とともに、終了時間を決める】等、書かれてあり、考えさせられました。

制限があるから知恵も出る！　〝動中の工夫〟まずやってみる！　具体的に動くことが新たな変化につながります。

——（ひだか　よしふみ　18年2月「共同購入版　団らんにゅーす」）

今週より新コース配達

今週より新コース配達となります。慣れない地域での配送は大変ですが、安全第一でお願いします。組合員さんも不安や期待を持って迎えてくれますので、お会いできた方には、1年間気持ちよくご利用いただけるように努力することを丁寧にお伝えください。心機一転、頑張っていきましょう。

高千穂支所・黒木渉さんの実践。

「組合員さんからわが家の声カードをいただきました。『生協に入り2年経ちましたが、最近思うことは同じ物ばかり注文してるな…と。新しい物を取り入れようとは思うのですが、失敗したらと考えるとつい同じ物ばかり注文しています。コメントも見てはいますが…何かいい方法があれば教えてくださ

組合員さんの「毎週の生協の日が楽しみ」という声を励みにしています。日之影町を配達する地域責任者の黒木渉さん

い』とのご意見だったのですが、回答に悩み他部署に提出しました。しかし黒木さんは声をくださった組合員さんのことが気になり、担当地区で新商品にチャレンジしている組合員さん何人かに聴いて、回答を作っていました。

声に対して自分のできることを考え、わからない時は組合員さんに聴いてみようと行動している所が素晴らしい…」。報告を見て「迷ったら組合員さんに聴け…」と昔、亀田理事長より指導されたのを思い出しました。

宮崎西支所・小柳大育さんの実践「過去利用があまりなかった組合員さん、何かお役に立てないかとよく連絡しています…[※]利用頻度TOP50商品を紹介することが多かったのですが、野菜嫌いなお子さんに向けて商品を紹介したら、とても喜ばれました。その後もお子さんのことを考えた商品を提案したところ、利用が増えたこともとても嬉しかったです。その方から『連絡をくれて助かるし、嬉しいわ』と言っていただき、今後もこのように思っていただける組合員さんを増やせるよう努力します

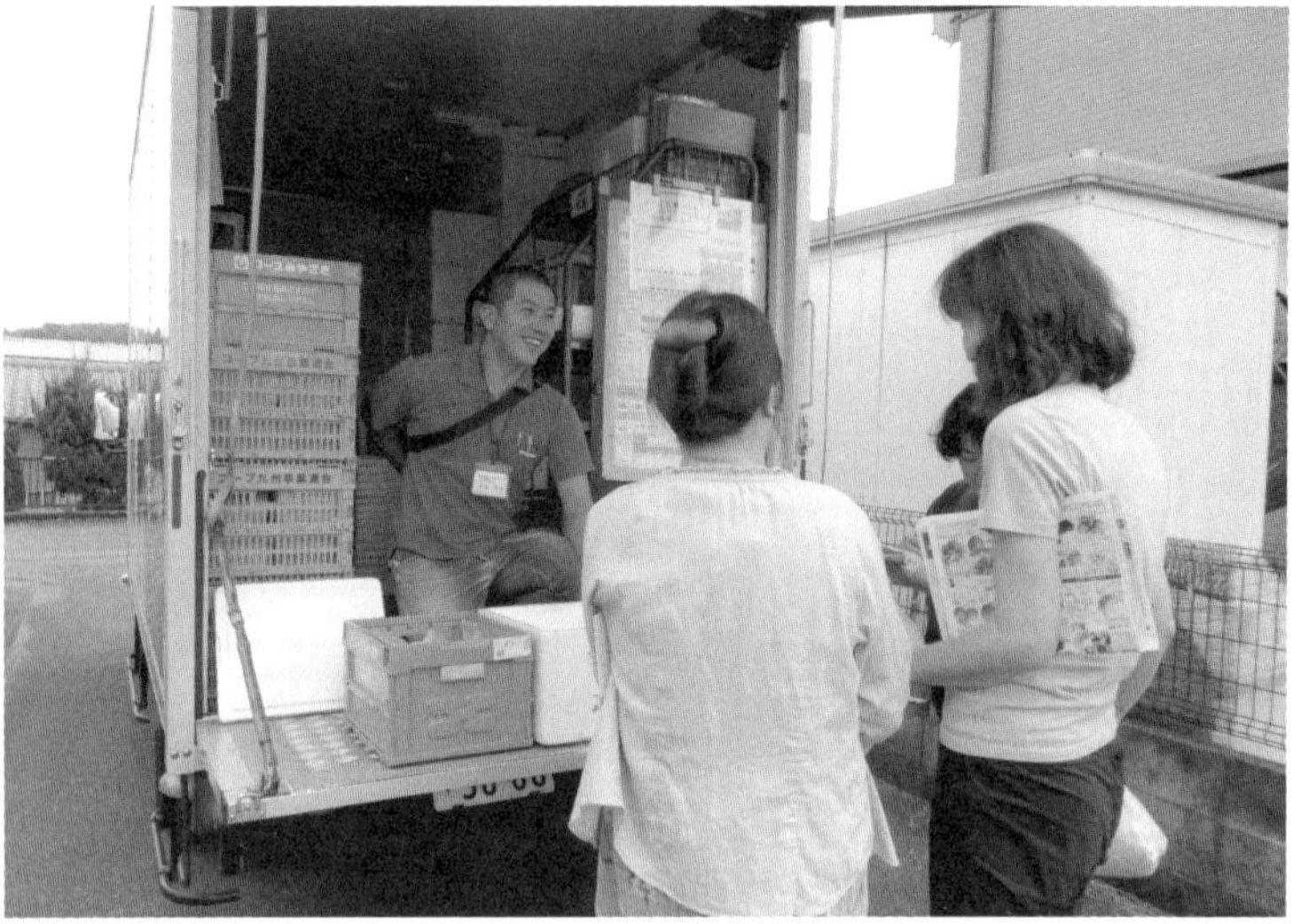

組合員さん同士のくらしの交流の場として、話題が尽きない和やかな受取場

…」。人に興味を持ち心を動かし、組合員さんにかみあった対応をされていることが素晴らしいと思います。

利用頻度ＴＯＰ50の紹介等も喜ばれてはいますが、くらしをよくしたい主婦にとって、料理のレパートリーが増えたり家族が喜ぶ新しい商品に出会えることは、とても価値あることだと感じます。ベテラン主婦である組合員さんは、たくさんのくらしの知恵をご存じです。情報の横つなぎは、我々ができる喜ばれる活動です。

〝迷ったら組合員さんに聴く〟

考えるより、行動するほうが道も開けます。

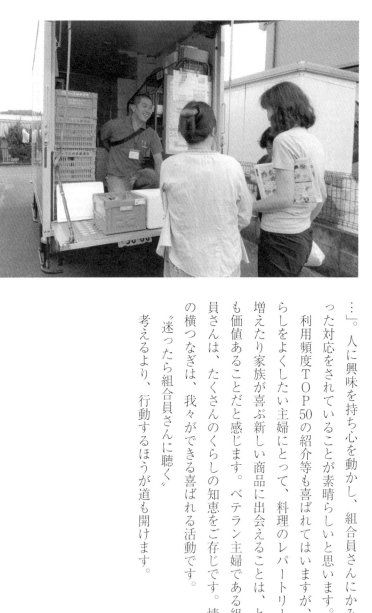

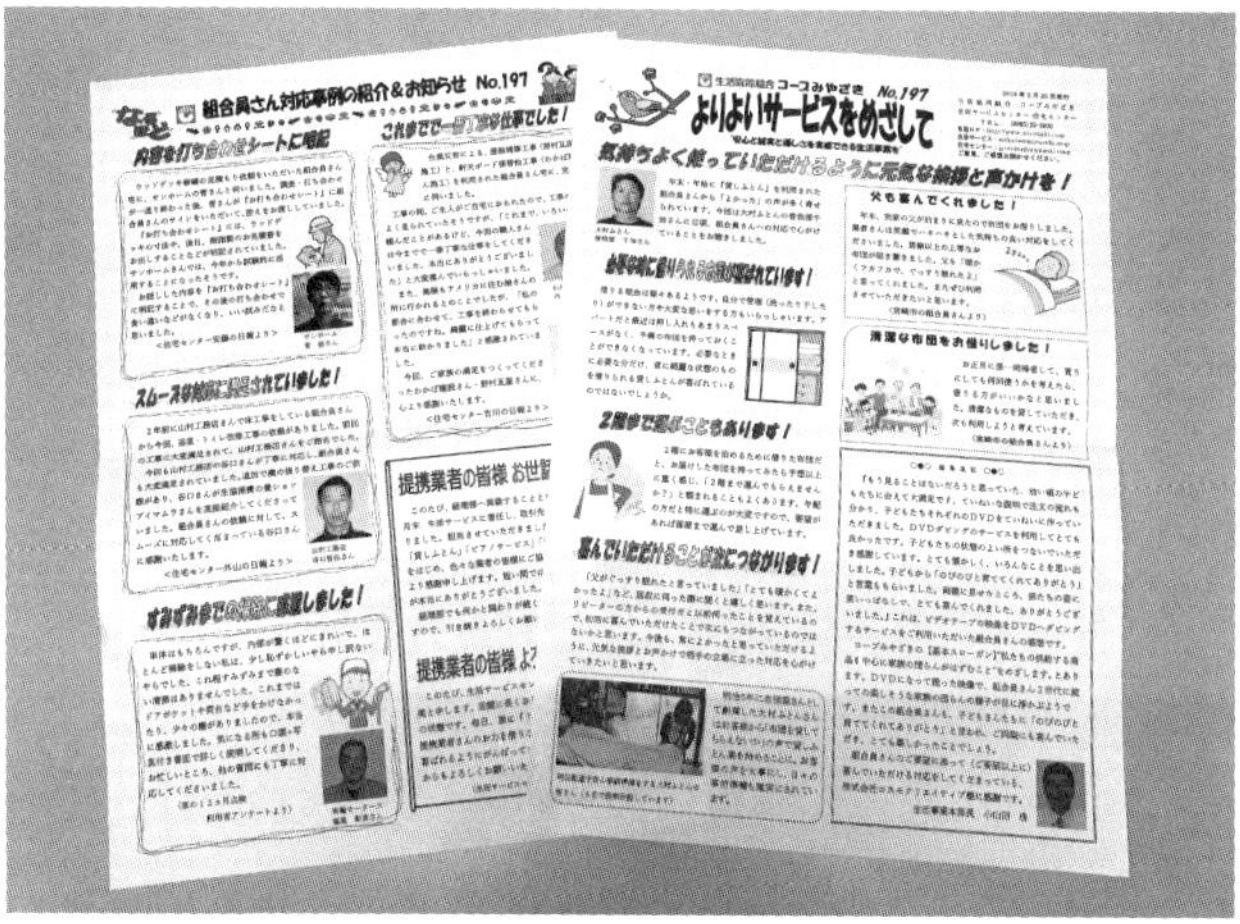

提携業者さんへ毎月送っている「よりよいサービスをめざして」

提携業者ミーティング

おやまだ ひろし
18年3月「よりよいサービスをめざして」

3月2日に宮崎で、16日に延岡で、住宅センターの提携業者ミーティングを開催しました。2会場で、48社・56名の提携業者の皆様にお集まりいただき、それぞれ、いくつかのグループに分かれて「組合員さんの不安を取り除き安心に変える」というテーマで意見交換をしていただきました。私も、いくつかのグループの討議に参加しましたが、その中で、昨年から提携していただいている業者さんが「組合員さんのところに見積もりや打ち合わせに行くと、どの方も『私はずっと生協さんにお願いしている』と話をされる。それは、組合員さんが、今まで工事をされた業者さんの仕事に満足されているからだと思う。自分も、組合員さんに満足していただき、次も何か住宅のことで困ったことがあったら生協の住宅センターにお願いしようと思っていただけるような仕事をし

ご依頼の組合員さん宅を提携業者さんと訪問する
竹中信敦さん(左)(住宅センター)

ない」といったことを言われているのが印象に残りました。皆様が、組合員さんが満足される、感激される対応や工事をされていることが伝わってきてうれしく思いました。感謝いたします。

これからも提携業者の皆様と連携して、一人でも多くの組合員さんの、さまざまなお困りごとを解決し続け、安心してくらしていただきたいと思います。

参加していただいた皆様お疲れ様でした。今後の対応や仕事に生かせるようなヒントはありましたでしょうか。また、今回、参加できなかった皆様も、次回は参加されて意見交換していただければ幸いです。

組合員さんやそのご家族の方に寄り添い、安心していただける対応

（おやまだ　ひろし　18年7月「よりよいサービスをめざして」）

「若い担当の藤元さんは、３姉妹（合計年齢１８７歳）の要望を真摯に受け止め、常に悲しみに寄り添って優しく対応していただきました。母との別れは辛く悲しいものでしたが、藤元さんのおかげで、光の射した新たなスタートとなり、家族一同感謝しています。そして、ふじもと美誠堂さんの細やかな心配りには、安心と満足でいっぱいでした。ありがとうございました。母も喜んでくれていると思います」

「病院からの搬送、仮通夜、最後の納骨までお世話いただき、安心いたしました。私は弟を亡くし喪主の立場で、内藤葬祭の長友さんにお世話いただき、本当にありがたかったです。お世話になりました」

上記、二つの文章は、葬祭サービスをご利用になった組合員さんから寄せられた声です。ご利用される組合員さんの気持ちになって対応いただいていることが文章から伝わってきます。

先日、提携している葬儀社組合の総会がありました。会場に入ると、事務局の方から、総会の資料と封筒が配布されました。封筒には「コープみやざき」とか、総会に出席しているそれぞれの企業名が印刷してあり、よく見ると、住所も印刷してありました。総会は、全ての議案が承認され滞りなく終了し

ました。総会の後は懇親会だったのですが、事務局の方が「封筒に資料を入れられて、渡していただければ、こちらから郵送しておきます」と言われました。確かに、荷物が増えたりするのはなんとなく面倒だったり、置き忘れる可能性もあります。そんな参加者の気持ちや状況を考えての事前準備と対応が素晴らしいと感じました。

コープみやざきの基本方針に「相手の気持ちになって考える」「人の喜ぶことをする」…何かを判断する時、行動を起こす時の軸になることば・考え方になります、とあります。提携している葬儀社のみなさんは、あらゆる場面でこのことを考え行動されているのではないかと思いました。身内を亡くされ、つらい思いをされている組合員さんやそのご家族の方に寄り添い、安心していただける対応に感謝いたします。

近くの店も生協と一緒に組合員さんのくらしを支えています

（なかの　まさひこ
14年2月「店長週報」）

2日、お楽しみ市最終日のことです。ベーカリーでサンドイッチ用のパン180枚のオーナーオーダーをお受けしていました。18時30分受け渡しということで、夕方から食パンを6斤スライスする予定でした。

この日の17時ごろ、大久保房子マネージャーから連絡が入りました。「スライサー（パンを切る機械）が故障しました。夜にオーダーが入っているので、パンを切らないと組合員さんにお渡しできません。修理をお願いできますか！」。私はすぐ弓削浩司サポーターやメーカーに連絡を取りました。スライサーの状態を電話で説明しましたが、「多分モーターの故障だと思います。もしそうであれば、モーターを交換しない限りスライサーは動きません。今は在庫がないので今日中には直りません」とのことでした。

その時、サンドイッチ用パンの製造をどうしようか？　と考えました。ベーカリーがある花繰店までは往復で2時間、スライスをお願いして30分かかるとして、今から出発し小林店に帰ってくるのは早くても19時30分。組合員さんに待っていただくしかないかも…。そのときにひらめきました。「近くのお店に頼んでみようか」と。

私が住んでいるところの近くに「ベーカリーショップたなか」様があるのを思い出しました。でも、そのお店の方がこちらからのお願いに嫌な思いをされないだろうか、忙しい中で引き受けてくださるだろうかと不安に思いました。しかし、組合員さんのオーダーに応えなければと思い、失礼とは思いながら電話でお願いしました。電話を受けた「ベーカリーショップたなか」様は初め戸惑われていましたが、私の無理なお願いにもかかわらず、快く引き受けてくださいました。

お店に着くと、お店の息子さんが早速スライス開始。後から帰ってみえたお母様も袋詰めをしてくださいました。そして、その時にお母様が言われた「困った時はお互い様です」のことばが私の心に響きました。スライスが終わった後、わずかなカット料をお支払いし（初めは受け取りを遠慮された）、小林店に商品を運んで組合員さんに無事お渡しすることができました。

職員総会で亀田高秀理事長が「近くのお店も生協と一緒に組合員さんのくらしを支えている」と言われていました。今回のことで、近くのお店の方に感謝するとともに、何かの時には「困った時はお互い様です」と言えるようにしたいと心から思いました。

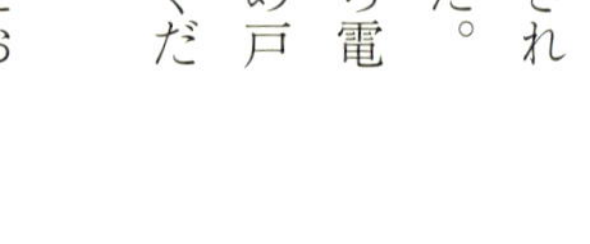

職員は誰もが「人の役に立ちたい」という思いを持っています

（なかの　まさひこ
17年10月「店長週報」）

5月より吉元美智さんの提案で「手話教室」が開催され、宮崎市内店舗で20名弱、大塚店からは吉元美智さん、富永文さん、齋藤美奈子さん、奥野美奈子さんが参加されています。

先日、カウンターで吉元さんと富永さんが、組合員のS様とY様に対応をしていました。S様とY様は、耳が不自由な方のようです。私は吉元さんと富永さんが組合員さんと手話で会話をしていることに気づきました。私は「お〜っ、すごい〜」と心の中で思いながら、事務所からしばらく見守っていました。丁寧でゆっくりな手話で、4人ともにこやかに会話のやり取りをしていました。

会話が終わって、あとで吉元さんに話を聴いてみたところ、手話で会話をしたのは今回が初めてだったそうです。「手話で会話ができてうれしかったです、感動しました！」と話してくれました。これまでは筆談の対応でしたが、少しでも手話で対応できたおかげで、S様とY様が笑顔でお店を後にされていました。私もその光景を微笑ましく見つめ、うれしくなった次第です。

相手の気持ちになって考える

（なかの　まさひこ
18年2月「店長週報」）

レジカウンター部門の富永文さんの「こんなこと聴けたよ！気づいたよ！報告書」より。

「『水産のアサリに砂が入っていて食べられなかった』と調理されたものをタッパーに入れて持ってこられた組合員さんがいらっしゃいました。中野正彦店長が新しいアサリを取りに行っている間に、沖田のり子さんが一緒に調理をされていた白ネギに気づき、買い場から白ネギを持ってきてそれも一緒に渡していました。組合員さんはとても喜んで感心されていました。その気配りに、私も心配りしなければと考えました」

私もその場にいましたが、アサリは外から砂噛みが確認できないため、万一を考えて組合員さんには2パックお渡ししました。そして沖田さんは組合員さんが持参したアサリ汁に使っていた白ネギを見て、再び調理されるなら白ネギが必要だと思い、お詫びして白ネギもお渡ししたそうです。

商品が組合員さんの満足をつくれなかったことに対してお詫びすることはもちろん、その組合員さんがもう一度生協で買おうと思えるような対応が大切だと改めて思いました。

「何か困っていることはありませんか」「はい喜んで」の姿勢で

（まるやま　つよし　18年3月「店長週報」）

農産部門・宮永万喜代マネージャーの「こんなこと聴けたよ！気づいたよ！報告書」から。

「『共同購入で早生きゃべつを注文したけど、外はきれいなのに中身が傷んでいた』とおっしゃる組合員さんがいらっしゃったので、早生きゃべつを交換しました。『共同購入だから安心だと思っていたけど、やっぱり自分で見ないとだめですね』とのことでした」

共同購入で利用した商品が悪くて困っていた組合員さんに対し、すぐに商品を交換してくれて、組合員さんも非常に喜ばれたことと思います。

組合員さんからすると、店舗も共同購入も生活サービス事業も、同じコープみやざきです。組合員さんは聴いてほしかっただけかもしれませんが、その組合員さんの思いを受け止めて、すぐに対応してくれた宮永万喜代マネージャーに感謝です。「何か困っていることはありませんか」「はい喜んで」の姿勢で対応していただいているからこそ、すぐにできたのだと思います。

私も気を付けていきたいと思います。

組合員さんの立場で、買う立場での商品作りと品揃え！

（にしむら　せいし　15年5月「店長週報」）

母の日は本当にお疲れ様でした。みなさんの商品提案や、見本、心温まるディスプレイに多くの組合員さんが喜ばれたのではないかと思います。

私の母は魚が好きで、お寿司かお刺身を毎月2回届けます。その時、タコやイカはもう噛み切れないので、マグロやアジなどやわらかいのがいいと言うのです。昔の人ですので、食べ物を残すことや、使えるものを捨てることができず、食べきれないことをとても気にします。

そのことを惣菜の松永克子マネージャーへ話したところ「すぐに作ってみましょうか？」と梅にぎり・上にぎり・少量4貫セットでイカタコ抜きのやわらかいネタで、にぎり寿司を作ってくれました。それが思いのほかよく利用されました。対象者のお母さんの年代も幅広いので、ご高齢のお母さんには喜ばれる商品作りになったかと思います。水産のお刺身の盛り合わせも同様に、川添タエ子さんが数パックに1パックは、イカタコ抜きを作ってくれていました。これから高齢化が進みますので、こういう商品がとても喜ばれると思います。

今回の母の日では、マグロをカーネーションのように飾り切りまで行った商品作りもしてくれています。水産・惣菜の取り組みに感謝いたします。

フロア部門のケーキバイキングの陳列も、まるでお花のように見える工夫を岩倉聡央マネージャーが行いました。この工夫だけで動きがよくなり、今回は早々に品切れしてしまいました。次のケーキバイキングの企画が楽しみです。

（にしむら　せいし
17年1月「店長週報」）

品切れがなく、欲しい商品が必要なだけそろっている買い場

コープ委員長交流会[※]にて「水産コーナーのとび天は美味しいけど、県北のあげみではないよね」「やっぱり北浦や島野浦のシャキシャキして魚の味がするあげみが、県北の天ぷらだもの」「お豆腐を使わず重曹だけで、あとはお魚で味を作り上げるのよ。エソや鯵が主流で、甘くしたければイカを使うとか」との声が聴かれました。確かに、南は日南の飫肥天、都城・小林店は薩摩藩の色濃くさつま揚げ、北は、あげみ！だと分かってはいたのですが…。

早速、中武彰マネージャーに相談した所、水産のみんなで近隣お店のすり身を確認し、何度もすり身を替えて作り直し試行錯誤しながら、なんとか北浦・島野浦のあげみに近い味のものが完成しました。

「浜町店のとび天はできたてをご案内します」と水産部門の中武彰マネージャー

久嵜喜志子理事もわざわざ駆け付けていただき、味を確認してもらい、商品化できました。

今回、なによりよかったのは、スピーディーに水産のみんなで行動したことにあります。久嵜理事より、その対応の早さにとても感動しましたと言っていただきました（他の理事さんやコープ委員長さんのみなさんにもすぐにメールでこの商品のことをお知らせしてくれました！）。やればいいということでもなく、「要望通り！　より早く！」ここが大事です。時間をかければそれなりのものができて当たり前です。それをいつ実現するか？　そこに喜びや感動が生まれます。

もしその時できない理由を考えていたら、このあげみと同じものはできなかったでしょう！　水産のみなさんの素早い行動に感謝いたします。

「喜ばれることを究める」

（たかの　しんぺい　18年1月「月のふり返り」）

「喜ばれることを究める」と職員総会で日高義文本部長より提起がありました。このことばに心を動かされ、背中を押されている方も多いのではないでしょうか？　私もその一人です。「究める」という言葉には探求するという意味を持つこともありました。今年一年、喜ばれることを究めていくことでどうなっていくのか？　とてもワクワクしています。

受取場から帰る時はご不在の時も「ありがとうございます」と必ず一礼します（写真は都城支所　前田満雄さん）

　私が地責のころに、組合員さんが喜んでくれたり、嬉しそうな表情をしてくれた時など、この仕事のやりがいをとても感じていました。元気なあいさつや笑顔、丁寧なお辞儀、商品を受け取りやすいように集品袋の口を結んであげること、ガムテープの端を折り曲げることなど、喜ばれることの大きさは関係ありません。ただただ目の前にいるその方のために…と心を動かして自分のできる最大限のことをすることが組合員さんの嬉しそうな表情での「ありがとう」につながると思います。

またこの喜ばれることは組合員さんだけでなく一緒に働くメンバーにもしてあげてほしい。「○○さんのおかげ」…と、当たり前にあることや、していただいていることにも感謝できると思います。そのことで小林支所が「ひとつ」になる、ということにもつながるのでは？と思います。この振り返りでも紹介している事例のように今年は「喜ばれたこと」をたくさん共有していき、喜ばれることを探し求めます。そしてたくさんの方の笑顔と共に、約束である「数値責任」を必ず果たします。

私もみなさんと一緒に「喜ばれること」に全力を尽くしていきますので今年一年よろしくお願いいたします。

みんなが同じ方向で進んでいけることに感謝

（いわさき　すぐや
16年10月「みんなに役立つ保障事業をめざして」）

9月29、30日に全国団体制度推進交流会があり、コープみやざきのケガ保険移行の取り組みについて、※エリアサポーターの飯野さんが報告されました。コープ共済連や保険会社からもたくさん参加されており、現場での取り組みや思いがよく伝わったと思います。

報告後に京都生協の代理店の方から、資料にしていた地責の「こんなこと聴けたよ！気づいたよ！報告書」にプラスサービス職員のコメントがあるのを見て「部署間の関係がいいですね。現場の方もコメントがあるとうれしいのでは」という声をいただきました。また、別の代理店の方からは、長い間家族コースを掛けていたけど一人暮らしになっている組合員さんへ、個人コースへの変更を対応して喜ばれたという地責の事例に「職員と組合員さんとの関係がいいですね。さすがコープみやざきさんだと思いました」という声もいただきました。コープみやざきの方針、みんなが同じ方向で進んでいけることに感謝です。

日報へのコメント等、引き継ぎを大事にして取り組んでいきます。

資料

生活協同組合コープみやざきのあゆみ

（年度）	
1973	690人の主婦が集い、宮崎市民生協設立。共同購入事業が始まる。
1979	定款で組合員さんが利用できる範囲を宮崎市のみから県全域に変更する。
1980	宮崎県民生活協同組合に名称を変更する。
1983	回覧注文から個人ごとの注文にしくみを変える（ＯＣＲを導入）。週単位の銀行自動引き落としが始まる。
1984	組合員の声を聴き、理事会で検討するように組織運営を変更する。
1987	交通死亡事故を起こし、安全の取り組みを強める。共済事業が始まる。
1988	1号店柳丸店がオープン。生活サービス事業（ガソリン提携など）が始まる。共同購入で、個別集品が始まる。
1990	五ヶ瀬町・五ヶ瀬町農協と生協の3者で宿泊研修施設五ヶ瀬ふれあいの里を建設する。
1991	都北店オープン。旅行事業が始まる。
1992	組合員数が10万世帯を超える。商品検査センターが完成する。
1994	佐土原店オープン。
1996	大塚店、日知屋店オープン。住宅事業が始まる。
1997	赤江店オープン。
1998	小林店オープン。「コープみやざき」を通称とする。
1999	浜町店オープン。共同購入の利用方法として、地域受け取り場所が始まる。

2000	共同購入の戸別配達が始まる。店舗の「商品券」の利用がスタートする。
2001	「コープにこにこ便」スタート。「わが家の声カード」配布、「くらしの交流会」補助制度スタート。
2002	正式名称を「生活協同組合コープみやざき」に変更。共同購入注文用紙が両面に。
2003	かおる坂店オープン。
	高千穂支所開設。共同購入商品の注文がインターネットでもできるようになる。
2004	共同購入商品の注文が携帯電話からもできるようになる。
2005	花繰店オープン。
	「ピアノ調律」「よろずサービス」スタート。「株・CMS」を立ちあげる。
	運動会弁当の配達を始める。
2006	花ケ島店オープン。
	「自己開示」の取り組みがすすむ。共同購入の商品注文登録制度スタート。
	共同購入の供給高が12年ぶりに前年を超す。
2007	高鍋店オープン。
	共同購入の供給高が2年連続前年を超す。
2008	消費生活協同組合法制定六〇周年を記念して、健全な事業経営を行ったとして、厚生労働大臣表彰を受ける。
2009	13店舗目となる本郷店（宮崎市）がオープン。
	赤江店と柳丸店に生協直営のベーカリーがオープン。
2010	日南で61年の歴史がある王子製紙生協と10月に合併。
2011	14店舗目となる日南店がオープン。
2012	日知屋店閉店。財光寺店オープン。

2013	「傘寿おめでとう企画」を始める。 17週以上未納金ゼロを15年かけて実現。
2014	店舗で「組合員さんの顔と名前、お気に入りを覚える」が始まる。 宮崎・延岡3会場で「交通安全フェア」を開催する。
2015	佐土原店、大塚店にもベーカリー部門がオープン。 店舗で「組合員さんと一緒に写真を撮る」取り組みが始まる。
2016	高鍋店にベーカリー部門オープン。
2017	15店舗目となる宮脇店（宮崎市）がオープン。
2018	設立45周年を迎える。「日本でいちばん大切にしたい会社」大賞で最高賞の『経済産業大臣賞』を受賞。

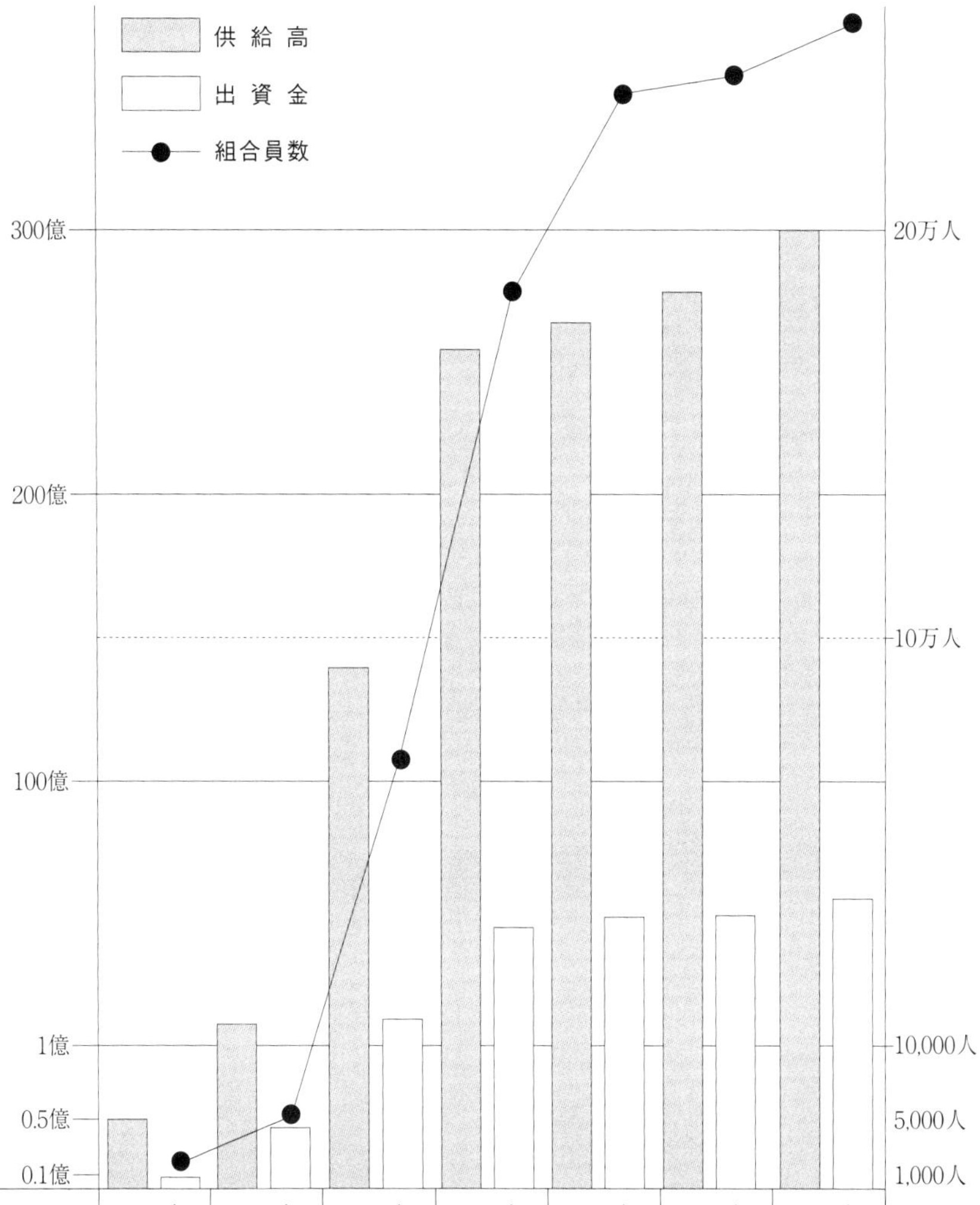

	1973年	1980年	1990年	2000年	2010年	2011年	2017年
供給高（円）	0.5億	7億	139億	255億	265億	275億	300億
出資金（円）	265万	3168万	9億8千万	40億9千万	45億9千万	46億	48億7千万
組合員数	1,267	5,681	69,996	185,201	233,897	237,267	251,169

※供給高の億以下は四捨五入しています。

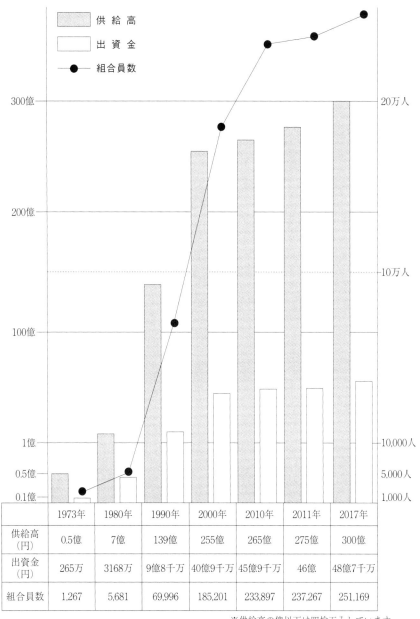

「コープみやざき」のめざすことと基本的考え方

【めざすこと】

(1) 生協は、組合員さん一人ひとりが、自らの必要のために、職員と一緒につくり、育てた組織です。くらしの願いを実現するために、観ること、聴くこと、そして応えていくことを全力で進めます。この一つひとつの積み重ねが相互の信頼関係（＝安心）をつくっていくのです。生協は「組合員さんとその家族の団らんがはずむために全力をつくしている」ということが、組合員さんに理解されれば、生協という組織はもっと求心力をもつことができます。そして、組合員25万人（家族）と、職員２０００人の智恵が集まればすばらしいことが実現するはずです。

(2) 生協のオーナー（所有者）である、組合員さん一人ひとりが、生活（消費）し、生活に必要なものを購入するにあたって、「自分の意見や要望をきちんと主張していくという自主性」、「願いを実現するためにみんなで協同（参加・関わる）すること」、そして「コープみやざきが民主的に運営されるように主体的にかかわること」の大切さを実感できるようにしていきます。このことは、組合員さんが地域社会で様々な組織・活動に関わるときにも大きな力になると思います。「生協のようにやればいいのに」「生協のようにやろうよ」と言われるようになればいいな、と思います。

【めざす〝すごい〟組織】

(1) 大きな組織の構成員（組合員・職員）一人ひとりが、信頼をもとに血液が流れているようにつながっている組織。

(2) そこで働く職員が目的・目標（組合員さんに心から満足してもらえるような状況を創り出すこと）に向かって心をひとつにして、各人がやりがいをもって役割をはたしている組織。

(3) 常によりよいものをめざして、学びあい変化し続ける生きた組織。

(4) 事業として成り立ち、組合員さんも職員もお取引先も協同が感じられ満足が得られている組織。

【具体的なイメージ】

「凡事徹底」と「改善無限」「知恵無限」を合言葉に、みんなの力を持ち寄り、小さくてもキラリと光る生協

掃除や気持ちの良い挨拶などだれにでもできることを積み重ね、温かい中にもしまりのある風土をつくっていく。小さな気づきからできた改善が次の気づき・改善をつくりだしていく。ほんのわずかな改善を毎日毎日やっていくことで、いつの間にか大きな改革になっていく。このことは仕事を楽しくしてくれる。一つひとつの改善は生協の歴史に残り、自分の歴史に残る。提案行為そのものを認め評価する風土にしていく。

生協の事業は、お取引先の協力なしには成り立たない。お取引先は膨大な情報・経験を持ってお

り、この力を借りて事業に生かす必要がある。組合員さんからの様々な要望・ヒントをお取引先に伝え、協力しながら組合員さんの満足をつくる。組合員さんから寄せられる喜びの声を丁寧にお取引先（製造現場）に伝え、善の循環をつくりだしていく。

全ての商品は使う人に役立つことを想定して作られている。「よかったよ」の声は、届けられた生協だけでなく、お取引先や製造メーカー、実際に生産に関わった人、さらにはその原料を準備した人など、その商品に関わった全ての人を幸せにする力を持っている。「よかったよ」の声を通して、関わる全員が幸せを感じる関係でありたい。

職員、組合員さん、お取引先と一緒に感性豊かな事業、小さくてもキラリと光る生協をつくっていく。

「来る人には楽しみを、帰る人には喜びを」「地責が来るのを楽しみに、帰った後には喜びを」「生協があるおかげで私の人生は楽しい」と感じていただけるようになりたい

お店で言えば、今日はどんな商品があるだろうか、どんな笑顔で迎えてくれるか、と期待してお店に行く。そして、期待通りの、また期待以上の商品やサービスを実感し喜んで店を後にする。

共同購入で言えば、地責がどんな笑顔でやってくるか、どんな役に立つ情報を届けてくれるかと、配達の時を楽しみに待つ。配達が終わり、地責が帰った後には、商品や楽しいニュースをながめて満足されているようになりたい。

「ケーキを買うけどケーキを買うのではない」「旅行に行くけど旅行に行くのではない」という事がある。それぞれの目的は、おみやげのケーキを喜び紅茶で囲む家族の団らんであったり、旅行を計画し、久々の家族サービスに喜ぶ子どもや年老いた両親へ親孝行をする満足などである。ここかみあったとき共感が生まれる。

県民一人ひとりの一生のどこかの場面でコープみやざきが役立つことが出来る。より多くの人に、より多くの場面で「生協があるおかげで私の人生は楽しい」と感じてもらいたい。組合員さんに喜んでもらうことが職員の喜びであり仕事に対する誇りでもある。職員も「生協で働いて私の人生は楽しい」と感じてもらえるようになりたい。豊かな人生をつくる生協でありたい。

あなたの今日の仕事は
タッタ一人でよい
この店へ買いにきてよかったと
満足して下さるお客様を
つくることです
あなたの店があるおかげで
一人のお客様が
人生はたのしいと
知って下さることです

岡田 徹

【基本スローガン】

〝私たちの供給する商品を中心に家族の団らんがはずむこと〟をめざします。

【行動スローガン】

素直に〝観る〟・素直に〝聴く〟・素直に〝考える〟・素直に〝実践する〟・素直に〝ふりかえる〟仕事を通して、組合員さんのくらしに役立つ生協をつくります。そして、より多くの人を生協の仲間に迎えます。組合員さんとその家族の生活分野により広く、より深く役立てるようにします。

【基本方針】

(1) コープみやざきの基本的事業は「組合員さんの生活に必要な商品の購買に応える事業」購買対応事業です。「購買協同組合」と言い換えてもよいと思います。売る立場ではなく、買う立場にたって、組合員さんがくらしのなかで欲しい商品(サービス)を、気持ち良く買える(利用できる)ようにすることが基本的使命です。

(2) 「供給高(組合員購買高)」は、何人の組合員さんの、どれだけの生活に役に立ったかをしめすバロメーターです。組合員さんの〝満足度のバロメーター〟でもあります。組合員さんが購入する商品や事業・組織制度のどこに満足し、どこに満足していないかを常に、観つづけ・聴きつづけ、応えつづけていくことが必要です。

(3) 「経常剰余」は私たち職員集団の〝仕事のレベルのバロメーター〟です。組合員さんからみれば、出資金の運用や利用する事業の運営を委託するうえで、安心のバロメーターです。組合員さんの財産を運用し、事業によって剰余を確保し、事業を再生産していく責任が私たちに課せられています。職員の一人ひとりが、八百屋のおやじさん・おかみさんのような経営者意識をもって、それぞれの役割を果たす仕事をします。

(4) 組合員さんが、生協に出資し、生協を利用し、生協に要望(声)を出すのは組合員さんの権利行使です。

組合員さんの利用や要望(声)を、数値やデータとして一般的・抽象的に観るのではなく、生身の人間一人ひとりの、一つひとつの具体的要望（声）としてとらえ、具体的に応えていくことが必要です。

(5) 数値や要望（声）・文章・買った商品の奥には組合員さんのくらしがあります。組合員さんの、生のくらしに思いをはせ、ここに視点をあて、かみ合った仕事を進めます。

(6) 商品（一般商品含め）・事業・組織制度は、固定的なものではなく、時代やくらしに合わせて、組合員・職員の協同の力で変えられます。組合員さんとともに、商品・事業・組織制度を、＊「商品の開発改善、および品揃えの6つの切り口」＊「購買事業における5つの大事なこと」＊「仕事改善6つの切り口」に沿って、変え続けます。（＊は基本的考え方を支えるキーワード　P207～208参照）

(7) コープみやざきは、組合員さんやお取引先についてのたくさんの情報を預かり、業務に役立てています。これらの情報を、確実に管理し、保全の強化を図り、組合員さんに信頼されるサービスの継続的な提供と、健全な事業の発展に努めます。

(8) より高いレベルの職員集団をめざし、〝思いやりと優しさを持って率直に指摘する〟〝謙虚に学ぶ〟〝真剣にとりくむ〟風土をつくります。

【基本方針の進め方】

(1) 県内で生活するみんなに、生協に加入してもらいたい、事業はすべて利用してもらいたいという構えで仕事をします。生協に入らない（入った）理由、利用しない（利用した）理由、減資した（増資した）理由を積極的に聴いて（読み取って）、私たちの仕事の仕方やしくみの改善も進めながら、仲間づくりが広がり、利用が増え、出資金がより安定したものになるように進めます。これは、宮崎に住む人々のくらしと生協とが一体化していくということです。宮崎に住む人々のくらしとの一体化をめざします。

(2) くらしの願いを実現するため、一人ひとりの職員・部署が固有の役割を果たすとともに、垣根を越えて一人二役三役、チームプレーで責任を果たします。組織で仕事をする上で〝思っていることをちゃんと発信する〟〝人の言っていることをきちんと聴く〟を大事にします。そして生協全体があたかも一つの身体の如く機能しているように仕事を進めます。

(3) 生協と一般小売業との基本的違いは、売るための組織ではなく、(組合員さんが) 買うための組織、「購買協同組合」であるということです。そして、生協は組合員さんと職員がいっしょに購買(対応) 事業を進められます。組合員さんが使ってみて〝よかった〟という情報は横につなげ（他の組合員さんが買いやすいように知らせる)、何とかしなければならないことは、解決部署につなげ、必要であれば寄《よ》って集《たか》って進めます。組合員さんが買いやすくなる努力、使った（食べた）商品がより良くなるような努力をしていきます。そして、同じ物なら生協で買われるようにしていきます。

(4) トラブル対応や要望に、スピーディーでかみ合った対応ができるように、商品の交換・値引き・返品等の判断を、いつでも・どこでも・だれでも（全職員）ができます。商品部などの後方部門は、この判断（対応）をバックアップしていきます。判断（対応）するときは、「組合員さんがもう一度（この商品を）生協で買おうと思うかどうか、周りの組合員さんが『ちゃんと対応してあげたね』と喜んでくれるかどうか」で考えます。

(5) 生協の事業の長期展望も探りながら、それぞれの仕事を創意工夫し、合理的な運営をめざします。合理化とは労働強化ではありません。より良い仕事をめざして知恵をだすことです。職員が安心して働ける職場、組合員さんが安心して出資し、安心して利用できる組織をつくるため、経営状況と努力の方向がみんなにわかり、みんなで考えられるようにしていきます。

(6) 組合員さん・職員・取引先・生協の仲間などに心配をかけない経営にするため、多年度会計によるキャッシュフロー経営（事業活動によって生み出された現金の範囲で投資を抑えることを重視した経営）を心がけます。経常剰余は供給高（組合員購買高）の３％を目標にとりくみます。生協の場合、本来どんなに多くの剰余（利益）をだしても、理事（経営者）など一部の特定の人に渡ることにはなりません。結局剰余は、税金・組合員さんへの分配（出資配当・利用分量割戻し）・職員への分配・将来に備えた内部留保などに使われます。安定的に剰余を出すことが必要です。

基本的考え方を支えるキーワード

1　生協観

生協は、組合員さんがくらしに必要なものを買うためにつくった組織です。形は似ていますが、一般小売業が商品を「売る」ことが目的なのに対して、生協は「組合員さんが欲しい商品を購入することに応える」ことが目的です。販売業ではなく購買業なのです。生協は、組合員さんと役職員とが、組合員さんのくらしにより役立ち続けるという同じ方向をめざして、力を合わせていく組織です。

2　組合員観

組合員さんは、組合員さんであるまえに一人の人間です。当然にも、「幸せにくらしたい」「家族のくらしをもっとよくしたい」と願っています。一人ひとりの組合員さんの日々のくらしを、「芸術家が芸術作品をつくるように」とても価値のある貴重なものとして尊重することが大切です。そのような人が、自分の意思で生協に加入してオーナーとなり、くらしに必要な商品を利用し、意見を言ってくださるわけですから、生協はその思いに応えていくことが求められます。組合員さんの出資・利用・運営参加を、組合員さんのオーナーとしての権利行使と捉えることが大切です。

3　職員観

職員はだれもが、「人の役に立ちたい」「人から認められたい」「自分を成長させたい」という思いを持っています。人としてのこの素朴な思いが尊重され、一人ひとりの職員が意欲的に働き続けられるような運営が求められます。仕事の目的が共有でき、達成目標が明確になり、自分の果たす責任が自覚できたところに、かみ合った情報が届けば、一人ひとりが自覚的に働けます。人はだれでも、わかれば納得でき意欲がでます。わかれば知恵がでます。わかればやれます。

4 お取引先観

コープみやざきは、組合員さんがくらしに必要な商品を購入するための組織です。その商品やサービスを供給してくれる取引先があって、購買事業が成り立ちます。ですから、お取引先は、組合員さんのくらしに役立ち、生協事業が成り立っていくためのパートナーです。お互いに協力し合って組合員さんのくらしに役立つことで、お互いの事業経営が良くなることをめざします。同時に馴れ合いにならず緊張感のあるものにしていきます。

5 商品観

商品は、使われるときに「人間に役立つ」という値打ちを発揮します。ですから、商品の本当の値打ちは、その商品を買って使った組合員さんが判断します。生協は、使った人からその商品の評価を素直に聴いて、生産側に情報を伝え改善に生かしていく役割、役立った情報を求めている組合員さんに伝える役割をもっています。ですから、一人ひとりの組合員さんのくらしを知り、くらしにその商品がどんな値打ちを発揮しているかをつかむことが必要です。

6 労働観

生協で働くということは、組合員さんのくらしに役立つため役職員一人ひとりが自分の役割を果たすということです。商品と同じように、働くことの値打ちも組合員さんが判断します。役職員一人ひとりの

「働き方」は自分の意思で変えられますから、より役立つように自分で努力していくことが求められます。そして、その努力が自分を成長させることにつながります。

7 生協財務運営観

73年の設立以来、組合員さんと役職員の努力が積み重ねられて、現在の無借金経営体質がつくられてきました。役職員は、組合員さんから出資金を預かり委託されて事業経営を行っていくわけですから、役職員一人ひとりに経営責任があります。年度年度を堅実に経営していくと同時に、将来にわたって組合員さんのくらしに役立ち続けられ確実な経営ができるようにしていくことが求められます。

8 組織観

生協という組織は、「組合員さんのくらしに役立つ」という目的のためにあります。その目的達成のために、一人ひとりは分担して固有の役割を担います。構成員一人ひとりが、かけがえのない人として尊重される組織、そして構成員一人ひとりにとって心ひかれる組織であることをめざします。

9 「蝶を集めるには花を育てよ」

蝶を捕まえようと追い掛け回しても蝶は逃げていく。蝶が集まる環境をつくることが大事ということ。蝶を「組合員さん」「お取引先」「職員」と置き換えてみるとわかりやすい。

蝶が集まる花は、かんたんには咲かない。土を耕し肥料をやり、丈夫な根と幹が育って初めて美しい花が咲く。地道な努力の積み重ねが、美しい花を育てる。

美しい花に自然と蝶が集まるように、いいものには自然と人が集まる。ひたすら自分を磨く、組織を磨くことに精進し、組合員さんやお取引先が気持ちよく集まってくるような生協でありたい。また、職員が気持ちよく働ける環境をつくっていくことも大切である。

（「蝶を集めるには花を育てよ」は、（財）ＪＣ総研・松岡公明氏のことばから引用）

10 コープみやざきは、出資金を出され利用されるあなたがオーナー（所有者）です。

ご意見やご要望を出していただき、あなたのくらしに役立つ生協にしていくことは、あなたの権利なのです。意見や要望を伝えることに、遠慮があったり、少し勇気がいったりするかもしれません。しかし、あなたのご意見、ご要望によって実現・改善されていくことが、同じように思っていたり、困っていたりする組合員さんにもきっと役立ち喜ばれていくと思います。

コープみやざきの役職員は、「〝私たちの供給する商品を中心に家族の団らんがはずむこと〟をめざします。」をスローガンに、あなたのご意見、ご要望に全力で応えます。結果は、発信していただいたあなたにきちんと伝わる形でお返しします。また、寄せられた声の中で、「よかったよ」の声については、カタログや「にじのわ」「ハロー！コープ」などで伝えたり、お店のＰＯＰで紹介したり、メーカーに届けて仕事の励みにしてもらったりします。また、「何とかしてほしい」の声については、該当部署やメーカーに伝え、商品やサービス、運営の改善に生かします。

そして、あなたに「私の共同購入」「私のお店」「私の生活事業」「私の生協」と思っていただけるようになりたいと考えています。

今後とも、生協を利用されてのご意見、ご要望をぜひお寄せください。

11　組合員さんからみて、こんなお店に！　こんな共同購入に！　こんな生活事業に！　私の生協に！

〈お店〉

お店に一歩入ったらなにかワクワクさせてくれるような買い場の雰囲気
思わずこちらまで微笑んでしまうような働く人の笑顔とあいさつ
今日は何がおすすめの商品なのか、一目でわかる陳列やエンド
少しかしこくなったとうれしくなれる、組合員さんのくらしの知恵がつたわるＰＯＰや情報
何でも気軽に相談できて、私の要望や思いを真剣に受け止めてもらえるお店
雰囲気がよく、自分の欲しい物が気持ちよく買えて、また来るのを楽しみにして後にする私のお店
……私の生協

〈共同購入〉

毎日のくらしにかかせないものが、選びやすく、わかりやすいカタログ
四季折々のくらしにうるおいを与えてくれる商品の数々
週一回の配達を楽しみに待つ気持ち
私の話（声）を聴いてくれて責任を持って実現することに力を注いで応えてくれる地域責任者
「知って良かった」「言って良かった」と感じられる、商品と一緒に届けられる組合員さんの知恵や情報
信頼と安心が実感でき、幸せな気持ちにしてくれる私のくらしになくてはならない共同購入……私の生協

〈生活事業〉

くらしの中で困ったとき、生協に「相談してみようか」と気軽に相談できる窓口、家族の大切なことや楽しい計画の輪の中で、私の思いに寄り添った提案をしてくれる生活事業

いざというときには役立ち、自分が支払いを受けなくても（自分の）掛金が「人の役に立ってよかった」と思える協同の力が感じられる私たちの共済

親身に話を聴いてくれる生活事業の職員と的確に専門知識を提供してくれる提携業者、相談してよかったと、安心と誠実と優しさを実感できる生活事業……私の生協

12 購買事業における5つの大事なこと

①買おうと思ったとき、欲しい商品があるか
②スムーズに気持ち良く買えるか、商品の使い方は交流されているか
③一人ひとりが大事にされ、私も役立っていると思えるか
④これで事業としてなりたっていくか
⑤組合員さんのくらし全体から見て、その組合員さんにとって最も役に立つように、他の事業も適切に案内できているか

13 仕事をすすめる上で3つの大事なこと

①ウソを言わない
②言い訳しない
③自分の失敗（成功）を他人のことのように研究する、他人の失敗（成功）を自分のことのように学ぶ

14 商品の開発改善、および品揃えの6つの切り口

・より おいしく　・より 安全に

・より やすく　・より 分かりやすく

・より 使い勝手がよく　・より 環境や健康に配慮して

＊店舗の品揃えについては右記に加え・トレンド・トップブランド・地域商品を切り口とする。

15 仕事改善の6つの切り口

・より 喜ばれるように　・より 楽しく

・より 楽に　・より 正確に

・より 速く　・より 自分に納得ができるように

16 トラブルなどで組合員さんに対応する時の4つの大事なこと

トラブルなどで組合員さんが意見を言われるときは、相当な勇気を出して発言されています。そして、発言の一つひとつは、その組合員さんにとっては事実です。組合員さんに「なってみて」、誠実に対応していくことが大切です。また、後方部門は、事実に基づき迅速に調査をしたうえで結果を伝えます。

①基本はまず受け止める…………何を言おうとしているのかをよく聴き、理解する

②お詫びをする、ご要望に沿って対処する

………組合員さんの満足を作れなかった事に対してお詫びし、要望に沿って（くみとり）対処する

③説明する……………………言い訳にならず、事実と誠意をもって
④感謝する……………………おかげで気づくことができましたの思いを込めて

17

数値でみる

〝数値をみる〟のではなく、〝数値でみる〟ことが大切です。

数値は自分達の具体的な仕事の中身（結果）を表わしており、正直かつ冷厳です。解釈や言い訳でなく、事実を冷静に受け止め、よく検証・分析し、対策を考えることが必要です。

数値から逃げてはいけない。

18

「楽しく仕事をする」ことを追求し、感動をつくる

人に役立つ仕事は本来楽しいものです。しかし、毎日の仕事というのは平坦ではなく地道な苦労（努力）を伴うものです。この苦労を乗り越えたとき、その苦労の大きさ以上の楽しさが待っています。「楽しい仕事がしたい」と考えるより、「楽しく仕事をする」と仕事への向かい方の中に楽しさを求める方が、現実的で能動的です。その日々の努力が、人に喜びと感動を与え、自分の成長をつくることになります。

毎日の仕事の中で「さすが生協」「生協があって良かった」「あなたのおかげ」「あなたがいるから」「あなたから買いたい」、そんな小さな感動をつくっていきたいものです。一人ひとりが組合員さんや職場の仲間と一緒に、感動できる仕事をつくりだしていきます。

19

〝経験のくりかえし〟でなく〝経験の積み重ね〟を

同じ仕事を何年間も繰り返すのと、毎年経験を生かしながら積み重ねていくのでは到達点は全く違いま

す。成長しながら「私は○○ができます。」という自分の履歴書が毎年書きかえられなければなりません。そのことができなくて給与だけアップしていくことは無理なことです。

組織としても、一人ひとりの失敗・成功をすばやく交流し、積み重ね、財産としていきます。

20 「リッスン・ドゥ・シー」「まずはやってみる」「できている人や部門、事業所に徹底的に学ぶ」

組合員さんや仲間のことを思い、聴いたこと・よかれと思ったことは「まずはやってみる」。やってみて、結果・事実で振り返り、次に生かします。組合員さんの声は、より深く聴こうとすればより多くの気づきができます。その声を素直に受け止め、やってみることで新たな気づきが生まれます。

「できている人や部門、事業所に徹底的に学ぶ」ことを、すべての人・部門が取り組みます。大きな変化をつくった人や部門は、このことを実践しています。宮崎という同じ地域、コープみやざきという同じ組織で働く人の中で実際にできている人から深く学びます。真剣に学ぼうとする人へは真剣に教えてくれます。

現状に甘んじず、よりよい仕事、より喜ばれる仕事をめざして、同じ生協にいる仲間が創りだした宝を、みんなの宝にしたい。

21 「寝ても覚めても考える」「脳みそが汗をかくほど考える」

小さな改善や工夫にも光が当たり、それをみんなが評価する組織もめざします。そのために、一人ひとりの職員の知恵、アイデアがもっともっと出せる、出しやすい運営に努めます。目に見える形のものだけでなく、仕事のしかたや対応にも光が当たるようにします。

挑戦することを大事にし、よかれと思ってやった失敗は責めません。「寝ても覚めても考える」「脳みそが汗をかくほど考える」。自分のアイデア・提案が実現し、多くの人に感謝され、コープみやざきの歴史に残ることは、仕事をする上で最高の喜びとなります。この喜びの積み重ねがコープみやざきの成長となります。

22 「善の循環」を広げる

店舗でも共同購入でも生活事業でも、組合員さんからの喜びの声や感謝の声がたくさん聴けるようになっています。また、職員やお取り引き先などからも、「よかったよ」や「ありがとう」の声が増えていきます。それらの声を、事業や仕事に生かすことと合わせて、喜びや感謝の声を形にして関わる人に伝えていくことで、仕事の励みや喜びにつながっていきます。「よかったよ」や「ありがとう」の声を生かして、喜びと感謝の思いが伝わり共感が広がり、次々に伝わっていくようなつながりを「善の循環」と呼びます。「善の循環」が広がっていくことが、生協に関わる、組合員さん・職員・お取引先など、人と人との共感関係を創ることになり、一人ひとりが大事にされる組織関係を創ることになります。

23 「相手の気持ちになって考える」「人の喜ぶことをする」

「自分の気持ち」は何も意識しなくてもわかりますが、「相手の気持ち」は、今の自分の気持ちを一旦捨てて相手の中に入って考えないとわかりません。いわば、「相手になってみる」努力が必要で、この努力は自分を磨くことにもなります。例えば、「新しい職員が入ってきた時」は、自分が新人だった時の不安だった気持ちを思い出し、新しい職員になって考えると、自ずとどう対応してあげたらいいかわかってきます。相手の気持ちになって努力することが自分を高めることになります。一緒に働く仲間、利用していただく組合員さん、お取引先との関係でも、相手の気持ちになって考え、相手が喜ぶことをすることで、相手の喜びが自分の喜びになります。「試食を出す」「運転をする」「掃除をする、挨拶をする」「ＰＯＰをつくる」全ての場面で生かせる言葉・考え方でもあります。何かを判断する時、行動を起こす時の軸になる言葉・考え方になります。

24 「決められた時間内に求められる成果を出す」

一人ひとりの職員が、決められた時間に求められる成果を出す努力を全力で行ないます。全職員で創るジグソーパズルの絵は、一人ひとりが自分の役割を果たし輝くことで素晴らしい絵になります。ただ、一つひとつのピースは、細胞と同じく生きたピースであり、全職員で創るコープみやざきという組織は、一人ひとりが自分の役割を生き生きと果たし輝くことで、よりいきいきした素晴らしい組織にすることができます。時間を意識し、その中で自分の役割を精一杯果たすことが、お互いの信頼と団結を生み、求められる成果を生み出すことになります。

25 ことばの整理

『生協らしさ』………よりよいものをめざして、組合員さんと職員が力を合わせて商品や組織をつくりあげていくこと

『みやざきコープ商品』………コープみやざきの責任で供給する商品であり、コープみやざきの責任でつくりかえ続けられるもの

『組合員参加』………組合員さんが「自分の声が生かされている」「自分も役立っている」という実感がもてること

コープみやざき設立50年に　こういう生協でありたい
……2023年　私たちがなっていてほしいと思う生協をめざして

２０１６年６月28日　第45回通常総代会

コープみやざきは43歳を迎えました。私たちは、くらしのねがいをかなえるために、助け合いをすすめ、意見や要望を出し、役職員と一緒にその実現に努めてきました。おかげさまで、事業の領域は少しずつ広がり、事業規模２９７億円、県民世帯の半数を超える組合員が参加する生協へと歩みをすすめることができました。

戦後70年を迎え、私たちのくらしを取り巻く状況は、政治的にも経済的にも大きな転機を感じさせるできごとが続き、人口の減少と少子高齢化は、コープみやざきにも少なからぬ変化をもたらすとともに、税制や社会保障の問題として私たちのこれからのくらしに大きな影を落としています。

私たちは、これまでのコープみやざきの発展に尽力されてきた多くの人々に感謝しながら43年の成果をうけつぎ、「50歳の節目となる２０２３年に、こういう生協でありたい」との思いを組合員と役職員で共有し、これからの８年間を歩んでいきたいと思います。

１．コープみやざきが43年大切にしてきたこと

コープみやざきは、１９７３年、６９０人の消費者が集まり、自らが出資・利用・運営する生協としてスタートを切りました。１９８４年には、コープみやざきの活動の基本となる、私たちの声（意見や要

望）をもとにした運営スタイルに変更し、事業の領域を、すべての県民の生活分野に役立つ事業に広げ活動を続けてきました。

1988年には、もっと便利な共同購入を目指して週2回配達に挑戦したものの大きな挫折を経験しました。この失敗から、私たちの声を中心に据えた事業運営が本格的に始まり、将来にわたって組合員に役立ち続ける生協であるためには、年度ごとの堅実経営と財務体質の強化が大切であることを再認識しました。

1996年以降、コープみやざきの基本的な考え方と実践から生まれた貴重な経験の積み重ねを毎年の基本方針書に整理、蓄積してきました。

傘寿のお祝いや赤ちゃん石鹸プレゼント、加入30年目の組合員さんへのお祝い企画など、ささやかではありますが、私たちの節目をみんなで祝うこともできるようになりました。

2. 2023年　私たちがなっていてほしいと思う生協をめざして

(1) 〝協同する〟ことで、あたたかな人と人とのつながりを深め、くらしの中の願いを実現していきます。

①核家族化がすすむ中で、経験の伝えあい学びあいも減少しています。携帯電話やインターネットの普及など通信手段が発達したものの、人と人のつながりが希薄となったといわれる時だからこそ、私たちは生協でのかかわりをとおして、くらしや立場、年齢の違いを超えてつながりをつくり、食事や子育て、介護などのくらしの知恵の交流を行い、困りごとを解決していきます。この〝協同する〟ことをみんなでひろげていきます。

②コープみやざきの組合員の年齢構成は60代以上が43％となりました。宮崎県の一人・二人世帯は6割を超えています。私たちは、「一人暮らしになっても、ひとりぼっちにしない」ように、生協でのつ

ながりや事業を通して、みんなが安心して気持ちよくくらすことができるようにします。

③私たちの声を生かしてもらうことで、お店の買場や共同購入のカタログなど、一緒によりよいものにしていくことができます。私たちと、職員とが〝協同する〟ことで、さらに役立つ事業にしていくことができると思います。

④私たちは、「おいしかったよ」「よかったよ」の声を感謝の気持ちで発信します。この声が、かかわったすべての人に伝わり喜びとして感じられれば、〝協同する〟ことがさらに深められると思います。

⑤人に喜ばれることをすることは、自分も役立てたという喜びが生まれます。生協でのかかわりを通して、自分の〝居場所〟が感じられるようなつながりを大切にしていきます。

(2) **私たちが本当に欲しい商品やサービスへの開発・改善とくらしの工夫をすすめます。**

①私たちが毎日使うものだからこそ、くらしの変化に合わせてより使いやすいように商品も変化させ続けたいと思います。まだ実現できていないことにも、ねばりづよく声を出し続け、私たちのパートナーでもある取引先や様々な関係団体にも、スピーディーに情報をつないでもらい、協力をいただきながら商品の開発改善をすすめます。

②社会の変化だけではなく、子どもの成長など家族の変化でくらしは大きく変わります。私たちは、生活環境や生活様式の変化に合わせて、豊かにくらしていけるように、くらしの工夫や改善をすすめます。

(3) **仲間をさそい、みらいにつながる安定した事業をすすめます。**

①県内で生活する全ての人に生協に加入してもらい、一緒に事業を利用してもらいたいと思います。く

らし方は様々ですが、一生のどこかの場面で、何かしら役立つこともあると思います。まだ、生協に加入していない人には声をかけ、意見や要望を出してもらいながら、今の事業をさらに利用しやすいものに改善します。

②福島の原発事故を経験した日本人として、未来を展望し、環境や豊かな資源を次の世代につなげるように考え、新しい技術も取り入れて、必要な事業を開拓していきます。

(4) **社会や私たち自身の変化に対応し、みんなで成長しながら設立50年を迎えます。**

①人と話し交流することは、新たな気づきもあり自分の成長につながります。「くらしの交流会」や「サークル活動」なども利用して、一人の人間として、社会人として成長していきたいと思います。コープ委員会は、出会いの場であり、おしゃべりを通して交流し学ぶ場となっています。コープ委員会のない地区は新たに立ち上げます。

②生協を継続し発展させるために、生協で働く職員の確保と育成が必要です。助け合いの仕組みの「よろずサービス」を含め、私たちもくらしに合わせて働くことができるように、私たちの条件が許す範囲で〝働く〟という参加のあり方も研究してもらえればと思います。働きやすい職場をつくり、働く職員には、「生協で働いて私の人生は楽しい」と感じてもらえるようになりたいと思います。

私たちは、これからも設立の意思を引き継ぎ、「よりよいくらしと平和」を共通の理念に、民主的な運営に努めます。私たちの実践が「生協のようにやろうよ！」という声となって広がればよいと思います。日本の社会のあり方に一石を投じるような、価値ある実践をみんなで積み重ねていきたいと思います。

安全宣言

宮崎県民生協の専従者は1月21日に取り返しのつかない死亡事故を起こしました。我々は、再びこの様な悲しい事故を繰り返さないために、1月24日専従者総会を開き専従者一同「安全」の大切さを確認し、決意を新たにいかなる場合も「安全」を確保するよう努力することを宣言します。

一．安全・安心をスローガンにしている生協wが、「人の命」を大切にする運転をすることは当然であり「安全」を第一義の目的として運転を実行します。

一．安全は機械や装置で与えられるものでない、「人」がつくりだすものであることを認識し安全を確保します。

一．生協専従者の運転するトラックや自家用車が地域の中で「安全・安心」のシンボルになるよう「安全運転」を実践します。

一．安全を確保するため、「安全の知識・技術・態度」について研究し学習し実行します。

「安全」は生協の目的であり、生協で働く専従者として、第一義的に実践していかなければならない義務であります。しかし、今まで「安全」をつくり出す取り組みが弱く不十分であったことを反省し、ただちに全専従者一丸となって「安全」の実践に取り組み、職場の風土にしていくことを誓います。

１９８７年1月24日　宮崎県民生協専従者総会

本文の注（五十音順）

※MDラリー
コープみやざきの商品の評価をするために、周りのスーパーなどで品揃えされている商品を買ってきて、味や価格、見た目、品揃えなどを比較すること。

※エリアサポーター
共同購入事業本部の職員。地域責任者などの組合員さんへの関わりをバックアップする役割。

※エリア長
共同購入支所のマネージャー。

※オーナーオーダー
組合員さんの要望に合わせ、商品を製造（惣菜）・その他商品の注文予約をすること。

※お楽しみ市
月に1度（3日間）、生協のお店の商品を、よりお求めやすい価格などでご案内する日。

※買い場
売り場のこと。コープみやざきでは買い物をする組合員さんの立場から買い場と呼んでいる。

※供給計画
どの商品をいくらで、店内のどこの場所で、どんな風に品揃えするかを計画したもの。

※供給高
売上高のこと。

※クリンリネス
「整理」「整頓」「清掃」を行い常に清潔な状態に保つこと。

※コープ委員
組合員さんが、自分の声を生協の商品や運営に生かすことを目的に県内の小学校単位でつくることができるのが「コープ委員会」。コープ委員はその中の一人ひとりの単位。

※戸別配達
一人（または二人）で利用できる、共同購入利用のしくみ。

※集品
共同購入の商品を組合員さん個人毎に分けて袋詰めすること。

※職員総会
年始に行われ、全役職員が参加して、その年の方針を確認する場。あわせて職員の優れた実践の発表会も行われる。

※事例発表会
7月に行われる、職員の優れた実践「こんな仕事の工夫や改善をしました」の事例発表会。職員は自主的に参加。

※セカンド職員
2018年より、60〜64歳の時給職員をセカンド職員、65歳以上の時給職員をサード職員とした。

※総代会
生協の1年間の取り組みを振り返り、今年度の取り組みや予算を決める最高議決機関。各選挙区（コープ委員会地区）ごとに選出された組合員さんの代表である総代さんが参加し、通常6月に開催。

※チェッカー
レジ業務をする人。

※「団らんにゅーす」
職員の優れた実績を紹介する部内報。共同購入版と店舗版がある。週刊。

※地域責任者（地責）
共同購入の配達責任者。

※地責ニュース
地域責任者が自己開示を目的として、毎週担当の組合員さんに発行しているもの。

※ナショナルブランド
商品を製造するメーカーによるブランド。商品の企画から製造までをメーカーが行うもの。

※「にじのわ」
共同購入登録組合員へ配布しているコープみやざきの機関紙のひとつ。週刊。

※「にじのわ会」
コープみやざきの取引先の会（集まり）。年1回総代会終了後に、前年度の事業報告と次年度の方針を説明する総会と親睦を深める交流会を実施している。

※「ハロー！コープ」
利用したお店から組合員さんへ配布しているコープみやざきの機関紙のひとつ。月刊。

※PB商品
プライベートブランド。独自開発の商品。

※ブロック総会
県内を10のブロックに分け、ブロック毎に総代会の議案書について、理事より説明・提案をし、総代会前に実質的な議案の審議を行う場。

※ベスト100商品
年に2回「わが家の声カード」からお気に入りの声を集計し、選ばれた上位100位の商品。選ばれた商品はそのシーズンごとに最も安い価格（ベスト100特価）で案内している。

※POP・音声POP・コトPOP
ポイント・オブ・パーチャス。商品の価格や特性

などを案内するカードや音声。コトＰＯＰとは、組合員さんがなるほどとためになるコト、迷いそうなコト、得するコト、組合員さんが発信したコトなどを案内したもの。

※マネキン
実際に味をみてもらうために試食を勧める人。

※「みらい」
コープみやざき全体の部内報。全職員・理事・じのわ会参加のお取引先の方に配布。月刊。

※「よくするカード」（通称）
「よくするカード&よかったよカード&こんなふうに使ったよカード」

組合員のくらしや生協をよくするために、提案・要望・苦情やみんなに伝えたいこと、役に立った商品の話、料理などのくらしの工夫を組合員さんから伝えてもらうためのカード。

※よろずサービス（支援）
くらしの中での「お困りごと」の際に組合員さん同士でたすけあい、支えあうしくみ。

※利用頻度ＴＯＰ50
よくご利用される商品上位50位の商品。

※「わが家の声カード」
年2回（2月と7月）理事会が全組合員さん一人ひとりの声を聴き、生協の運営に反映させるためのカード。

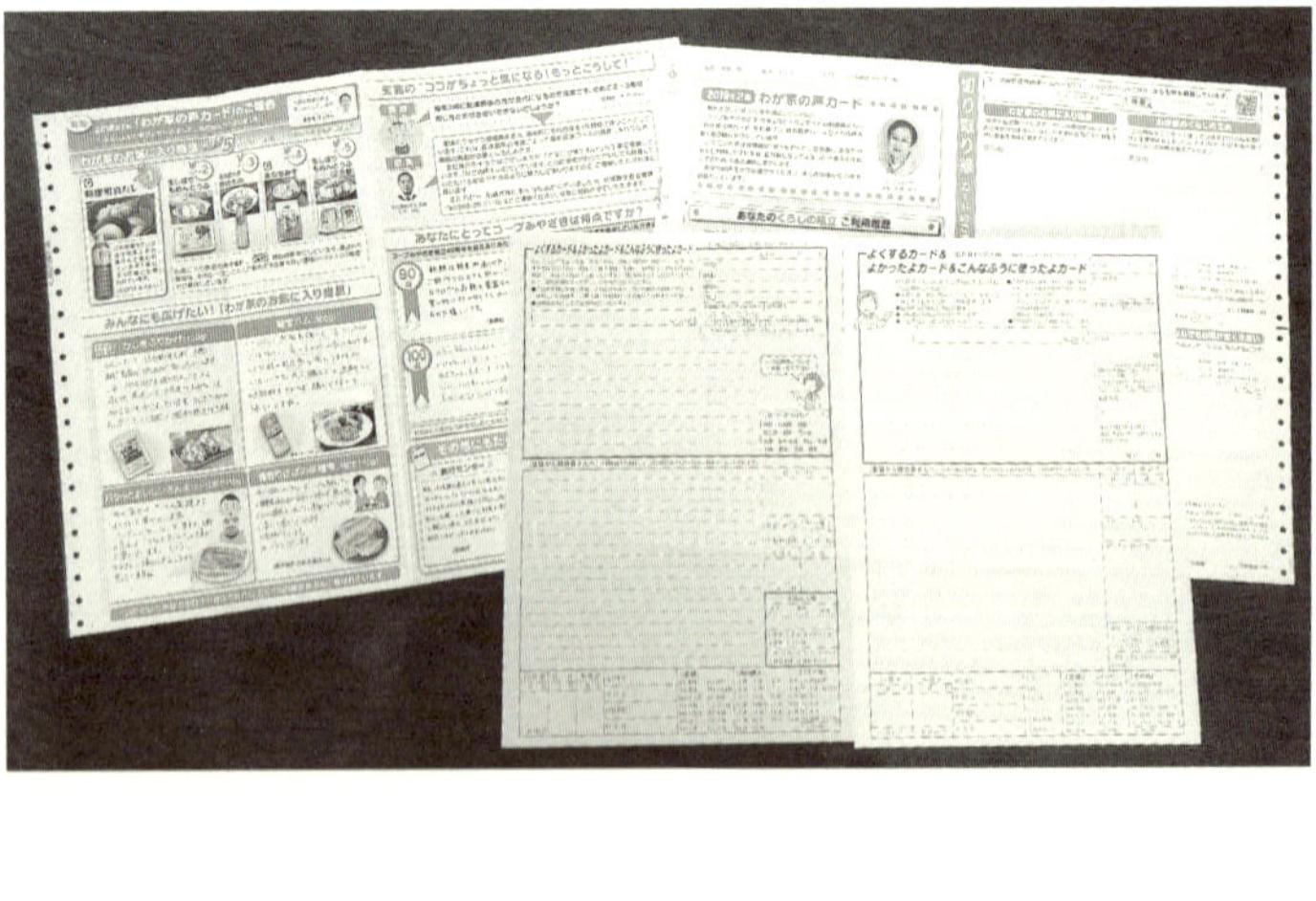

執筆者紹介

真方《まがた》　和男《かずお》

１９５５年生まれ
２０１８年より理事長

亀田《かめだ》　高秀《たかひで》

１９５２年生まれ
２０１８年より顧問

河田《かわた》　公克《まさかつ》

１９５９年生まれ
２０１８年より専務理事

日高《ひだか》　宏《ひろし》

１９６２年生まれ
２０１８年より常務理事

山下《やました》　英則《ひでのり》

１９６０年生まれ
２００７年より店舗事業本部長

日高《ひだか》　義文《よしふみ》

１９６０年生まれ
２００５年より
共同購入事業本部長

小山田《おやまだ》　浩《ひろし》

１９６６年生まれ
２０１８年より生活事業本部長

中野《なかの》　正彦《まさひこ》

１９６３年生まれ
２０１７年より大塚店店長

丸山《まるやま》　剛《つよし》

１９６５年生まれ
２０１９年より柳丸店店長

西村《にしむら》　清志《せいし》

１９６５年生まれ
２０１９年より店舗支援部

髙野《たかの》　心平《しんぺい》

１９８７年生まれ
２０１８年より小林支所エリア長

岩﨑《いわさき》　健《すぐや》

１９６２年生まれ
２０１５年より
プラスサービス執行役員

掲載紙の説明

「みらい」
コープみやざき全体の部内報。毎月1回発行し、全職員・理事に配布。

「ハロー！コープ」
お店の組合員さん向け機関紙。「店長だより」として店長が組合員さんに対してのメッセージも寄せている。

「団らんにゅーす」
共同購入事業本部・店舗事業本部それぞれが週1回発行している。それぞれの事業本部職員全員に配布。「組合員さんにとってどうか」の視点から事例研究し、優れた実績に光をあてている。

「図書館長雑感」
「みらい」の中で掲載しているコープみやざき本部の図書館長の雑感。

「よりよいサービスをめざして」
生活事業本部が月1回発行している。提携業者さんの仕事が組合員さんに喜ばれた事例や、職員や業者さんの思いなどを掲載。

「みんなに役立つ保障事業をめざして」
くらしの保障部・プラスサービスが月1回発行し、職員に配布している。保障に関する職員の取り組みなどを紹介している。

店長週報
各店の店長が週1回発行し、その店の職員全員に配布している。店舗の職員が行ったよい事例に光をあてている。

月のふり返り
各事業本部長・エリア長・店長が、毎月その事業所ごとにふり返ったもの。職員が行ったよい事例に光をあてている。

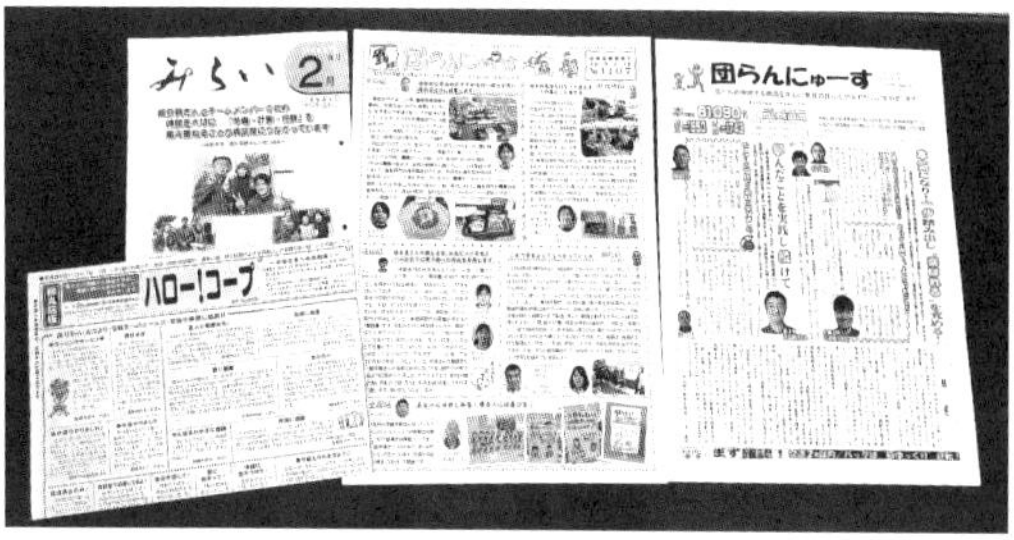

編集後記

「笑顔あふれるコープみやざきの姿が伝わるような『雑感集』！」めざして、原稿の選定を進めました。膨大な原稿を何度も読み返しました。どの原稿にも筆者の熱い思いが込められており、コープみやざきの理念が記されています。すべて掲載できたらよかったのですが紙面の関係もあり、編集委員会で話し合いを重ね、82編となりました。

45周年の節目に編集委員として関われたことを心より感謝します。読み終えた後に、温かい気持ちと笑顔になっていただけたら幸いです。ご感想をお待ちしております。

編集委員　久寝喜志子・黒木久美子・圖師　利子
鶴﨑　京子・年見　則子・西田　朋子
湯舟　文子・喜田久美子・和田　裕子
吉元　美智・迫田　和子・安田　早織
今村　鮎美

コープみやざきのホームページでも、今回掲載していない
雑感を読むことができます。ぜひ、ご覧ください。

コープみやざき　検索

HPアドレス：http://www.miyazaki.coop

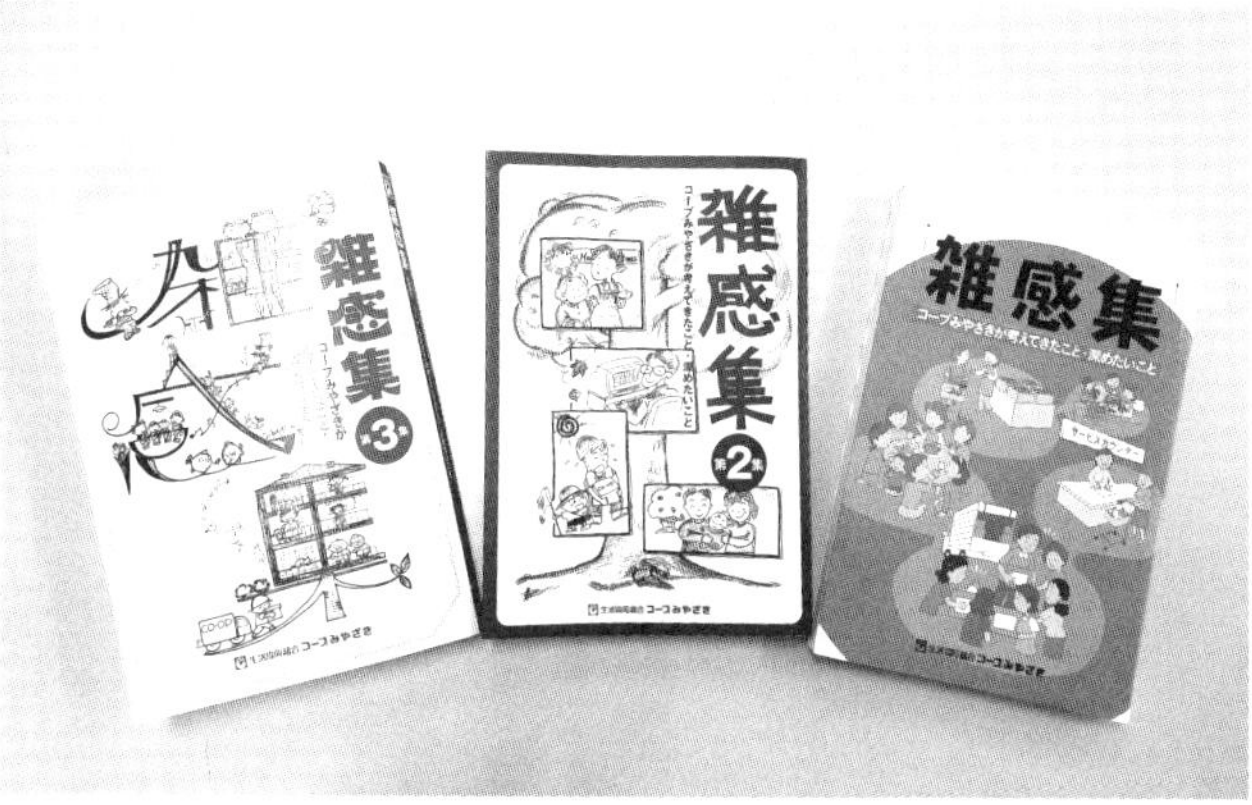
雑感集
第3集
雑感集
第2集
雑感集
コープみやざきが考えてきたこと 深めたいこと

雑感集　第3集

―コープみやざきが考えてきたこと・深めたいこと

二〇一九年（平成31年）三月　十　日初版印刷
二〇一九年（平成31年）三月十六日初版発行

編　集　コープみやざき雑感集編集委員会
発行者　和　田　裕　子
発行所　生活協同組合コープみやざき
〒880－8530
宮崎市瀬頭二丁目一〇番二六号
電話〇九八五－三三一－一二三四

販売取扱所　鉱　脈　社
宮崎市田代町二六三番地
電話〇九八五－二五－一七五八

印刷・製本　有限会社　鉱脈社

（※定価はカバーに表示してあります）